Dieses Buch

widmet Ihnen

Band 1.

Herzlichst

Christian Helmut

CHRISTIAN HEHENBERGER

Dem Handwerk gehört die Zukunft

Trends und Marketingempfehlungen bis 2015

Autor: Christian Hehenberger; Dem Handwerk gehört die Zukunft

Verlag: Institut für Marketing und Trendanalysen® GmbH
A-4293 Gutau 2006

ISBN 3-901852-06-9
ISBN 978-3-901852-06-0

Fotos für Umschlag: Photographie Gabriele Lackner-Strauss, A-4240 Freistadt

Printed in Austria
Druckerei: Trauner Drucke, Köglstraße 14, A-4020 Linz

Widmung

Dieses Buch widme ich meiner Tochter Patricia.

Eine besondere Ehre haben mir Frau Gudrun Bergdolt und Frau Kerstin Meier vom handwerk magazin aus München erwiesen, dessen Medium die Patronanz für mein 7. Wirtschaftsbuch übernommen hat.

Sehr glücklich bin ich auch darüber, dass ich Wolfgang Grüneis als Co-Autor gewinnen durfte.

Ein herzlicher Dank gilt meiner Assistentin Elisabeth sowie den unermüdlichen Mitarbeitern Birgitt, Margit und Johann.

Den 33 Persönlichkeiten, die mit ihren exklusiven Managementzitaten diesen Bestseller bereichert haben, danke ich herzlich.

All jenen Firmen, die durch ihre Inseratschaltungen diese Wirtschaftspublikation unterstützt haben, sei an dieser Stelle speziell gedankt.

Inhaltsverzeichnis

Inhaltsverzeichnis

Inhaltsverzeichnis

Vorwort

In der Öffentlichkeit wird das Handwerk nach wie vor in die Meister-Eder-Schublade gesteckt. Doch mit der beschaulichen Ruhe einer Hinterhofwerkstatt, in der ein Meister Eder gemütlich seine Aufträge erledigt, hat das wirtschaftliche Umfeld von Handwerksbetrieben nichts mehr zu tun. Vielmehr arbeiten die Unternehmen wie in allen Wirtschaftsbereichen unter Zeit- und Kostendruck, weil sie sich den ständig ändernden Markt- und Kundenbedürfnissen anpassen müssen. Um der Dynamik standzuhalten, nutzen sie inzwischen alle High-tech-Hilfen für ihr Produktions- und Dienstleistungsangebot: von computergesteuerten Fertigungstechniken über optische Technologien bis hin zum Vertrieb über das Internet.

Die insgesamt 980.000 Handwerksbetriebe in Deutschland, Österreich und Südtirol stehen dabei großen High-tech-Schmieden in vielen Bereichen in nichts mehr nach. Selbst das Thema Internationalisierung hat vor den Toren der im Durchschnitt sechs Mitarbeiter großen Betriebe nicht Halt gemacht. Das Seminar für Handwerkswesen in Göttingen geht davon aus, dass inzwischen bis zu acht Prozent der Betriebe im Ausland fertigen lassen, mit einem ausländischen Unternehmen kooperieren oder handwerkliche Dienstleistung „Made in Germany" oder „Made in Austria" im Ausland als dort niedergelassene Unternehmen anbieten.

Doch die Mehrheit dieser kleinen und mittleren Unternehmen ist nach wie vor Dienstleister und Produzent im eigenen Land. Fakt ist, dass immer mehr Großbetriebe und Konzerne ihre Produktionsstandorte nach Fernost bzw. Osteuropa verlegen.

Die Handwerksbetriebe sind im Gegensatz dazu eine erfreuliche Ausnahme. Sie expandieren insbesondere in den innovativen und angestammten Geschäftsfeldern, beschäftigen heute bereits rund

13 Prozent aller Erwerbstätigen und bilden rund 33 Prozent aller Lehrlinge aus. In Summe sind in Deutschland, Österreich und Südtirol rund 5,5 Mio. Menschen in Handwerksbetrieben beschäftigt und erwirtschaften einen Umsatz von 510 Mrd. Euro. Damit stellt das Handwerk einen außerordentlich wichtigen Wirtschaftszweig dar.

Dass die Handwerksbetriebe auch künftig eine starke Wirtschaftskraft bleiben bzw. diese weiter ausbauen und von der breiten Öffentlichkeit immer mehr als attraktive Arbeitgeber gesehen werden, bestätigt das vorliegende Buch „Dem Handwerk gehört die Zukunft".

Die konkreten Handlungsanweisungen, die Magister Christian Hehenberger für Betriebe entwickelt, machen das Buch zu einem Ratgeber, mit dem sich auch kleine Betriebe zukunftsgerecht aufstellen können.

Ohne akademisch unverständlich zu werden, stellt Christian Hehenberger seine präzisen Beobachtungen dar und entwickelt daraus handfeste Praxisanleitungen für die nächsten zehn Jahre. Unternehmer können sich dieser erfrischend klaren Analysen bedienen und so ihre Betriebe zukunftsfest machen.

handwerk magazin, München, MBA Gudrun Bergdolt

Einleitender Kommentar

Fakt ist, dass das Handwerk in Deutschland, Österreich und Südtirol der zweitgrößte Arbeitgeber ist. Der repräsentative Handwerksbetrieb beschäftigt im Durchschnitt sechs Mitarbeiter. Dieses Buch hat das Ziel, diesem so wichtigen Wirtschaftsbereich neueste und konkrete Trend- und Marketingempfehlungen zu vermitteln und gleichzeitig den Stellenwert des Handwerks in der Öffentlichkeit zu steigern. Bis 2015 werden zwei Entwicklungen im Handwerk zu beobachten sein: Innovative Unternehmen werden immer erfolgreicher, die Bewahrer werden immer mehr stagnieren bzw. verlieren.

Neue und zukunftsorientierte Arbeitsplätze werden tendenziell weniger von Großkonzernen geschaffen, als vielmehr von den kleinen und mittleren Unternehmungen, den so genannten KMUs. Wobei gilt, dass unsere Wirtschaft und Gesellschaft große Unternehmen, die sozusagen die Flaggschiffe darstellen, ebenso braucht wie die KMUs, die mehrheitlich als Schnellboote im Wirtschaftskreislauf funktionieren und als Hauptsäule für wirtschaftliches Wachstum und als Arbeitsplatzgenerator fungieren.

Im Teil „20 goldene Marketingregeln" werden konkrete Praxistipps für die Führung eines Handwerksbetriebes gegeben.

Das Thema „Innovative Handwerksbetriebe" wird mit ausgewählten Beispielen aus der Theorie und Praxis beleuchtet, um so dem Leser neue Anhaltspunkte zu geben und ihn zu motivieren, um sich diesem substanziellen Thema zu widmen.

Ein eigens entwickelter Innovations-Quick-Test für das Handwerk soll dem Unternehmer eine wertvolle Entscheidungshilfe bieten, ob er die geplante Produkt- oder Dienstleistungsneuheit am Markt einführen soll oder nicht.

Ein besonderer Edelstein dieser Wirtschaftspublikation ist die makroökonomische Betrachtungsweise einer derzeit nicht vorhandenen Schiffsbenzin- und Flugbenzinbesteuerung. Hier gibt der Co-Autor Wolfgang Grüneis eine glasklare Empfehlung auch an die politischen Parteien und an die Interessenvertretungen ab, die unfairen Wettbewerbsverzerrungen aufgrund einer fehlenden Logistikkostenwahrheit nicht nur abzustellen, sondern durch gezielte steuerpolitische Maßnahmen den innovativen Handwerksbetrieben neue Transferzahlungen zu ermöglichen. Es kann nicht sein, dass eine Lkw-Fahrt von München nach Wien teurer kommt als die Verschiffung der gleichen Tonnage von Asien nach Hamburg.

In diesem Sinne wünschen wir Ihnen viel Erfolg und substanzielle Erkenntnisse aus dieser Literatur für Ihre Unternehmensarbeit.

Zum Einstieg finden Sie 15 ausgewählte Zukunftsthesen, die die wesentlichen Trends bzw. nachhaltige zukünftige Entwicklungen im Handwerk bis 2015 betreffen.

15 Zukunftsthesen für das Handwerk

Zukunftsthese 1: Innovative High-tech-Handwerksbetriebe werden gewinnen. Low-tech-Handwerksbetriebe verlieren!

Je höher die Innovationsleistung eines Handwerksbetriebes ist, umso größer ist das Erfolgspotenzial für das Unternehmen. Der Innovationsgrad bzw. der Neuigkeitswert einer Handwerksleistung wird in erster Linie durch den Markt und die Kunden beurteilt und erst in zweiter Linie durch die betriebsinterne Betrachtungsweise. Drei Beispiele dazu:

Beispiel 1

Ein Installateurbetrieb, der sich neben seinem angestammten Kerngeschäft wie Rohrverlegung, Abwassertechnik, herkömmliche Installationsarbeiten und -services zusätzlich auf die Montage von thermischen und fotovoltaischen Modulen spezialisiert, geht stark wachsenden Märkten bis 2015 entgegen.

Beispiel 2

All jene Handwerksbetriebe, die ihren Kunden ganzheitliche Lösungen auch über Gewerkegrenzen anbieten, finden einen kommerziell attraktiven Wachstumspfad vor.

Für beide Beispiele gilt: Je größer die technische Komplexität in der Handwerksleistung bzw. je höher der gebotene Komfort im Sinne des Fullservice ist, umso größer sind auch die Verdienstchancen. Dies einfach deshalb, weil ein direkter Vergleich zum Mitbewerb schwer möglich ist und so eine einzigartige Leistungserbringung gegeben ist.

Beispiel 3

Ein Handwerksbetrieb kann aus der Sicht der Kunden auch dann als innovativ gelten, wenn er seine Betriebs- und Öffnungszeiten ändert. Faktum ist, dass der Möbelhandel 50 % seines Jahresumsatzes am Freitag und Samstag erwirtschaftet. An diesen beiden Tagen haben die Kunden Muße und Zeit, um größere Investitionen zu tätigen. Bis zum Jahr 2015 werden bis zu zwei Drittel des Jahresumsatzes am Freitag nachmittag, am Samstag und am Sonntag erwirtschaftet werden.

Wenn nun beispielsweise ein Tischler oder Schreiner seine Kundendienstzeiten schwerpunktmäßig auf Freitag und Samstag verlegt, würden dies die Kunden als hochattraktiv empfinden. Der Preis für die Handwerksleistung würde durch dieses Top-Service eindeutig in den Hintergrund gerückt werden. Voraussetzungen sind jedoch eine Top-Beratung, eine kreative Planung und eine gediegene Handwerksleistung in der Ausführung.

Low-tech-Handwerksbetriebe und all jene, die in den alten und gewohnten Denk- und Handlungsmustern verweilen, werden zu den absoluten Verlierern zählen und sich somit auch sukzessive vom Markt verabschieden müssen. Dies deshalb, weil sich zum einen die potenziellen Kunden von einem althergebrachten Handwerksbetrieb abwenden werden, und zum anderen der Preisdruck insbesondere durch die Billigsthandwerksbetriebe aus den osteuropäischen EU-Beitrittsländern massiv zunehmen wird.

Der Trend zur Polarität im Handwerk wird in den nächsten Jahren signifikant schlagend, wobei folgende einfache Formel gelten wird: Je komplexer und innovativer bzw. kreativer die jeweilige Handwerksleistung ist, umso größer sind die wirtschaftlichen Wachstumschancen. Je niedriger die Wertschöpfung des einzelnen Gewerkes ist, umso höher ist der Preisdruck. Dadurch wächst die Austauschbarkeit und Vergleichbarkeit der jeweiligen Handwerksleistung. Die Folge ist ein Abrutschen in die Verlustzone. Daher muss das Motto heißen: „Raus aus dem Pulk!" bei gleichzeitiger Forcierung der Innovationskraft des jeweiligen Handwerksbetriebes. Nur so ist eine solide Plattform für eine zukunftsorientierte und erfolgreiche Betriebsführung gewährleistet.

Der entscheidende Faktor, der erfolgreiche Unternehmen von ihren erfolglosen Konkurrenten unterscheidet, ist die Fähigkeit, in einer hochgradig am Wettbewerb orientierten Welt wettbewerbsfähig zu bleiben!

Nikolaus Wild, Vorstand der Schöck AG, Baden-Baden

Zukunftsthese 2: Die Rohstoff- und Energiepreise explodieren!

Bis 2015 werden die Preise der nicht erneuerbaren Rohstoffe jährlich im Durchschnitt um 10 % steigen. Betroffen sind vor allem Eisenerz und damit das Folgeprodukt Stahl, Kupfer, Aluminium, Gold, Platin und alle erdölabhängigen Produkte. Nachwachsende Rohstoffe wie zB Holz, aber auch Elefantengras und Biomasse im weiteren Sinne werden jährlich im Durchschnitt um 5 bis 7 % teurer.

Die Hauptursache für diese Entwicklung ist der nahezu unvorstellbare Rohstoffhunger, den der asiatische Raum, allen voran China und Indien, mit seinen 2,7 Milliarden Menschen entwickeln wird. Die nicht erneuerbaren Rohstoffe werden weltweit von diesen beiden Ländern schlichtweg aufgekauft werden.

Somit ist ein neues Paradoxon für die Wirtschaft und für das Handwerk die unausweichliche Folge. In stark rohstoffabhängigen Branchen wird es immer öfter Industrie- und Handwerkszweige geben, die sich über volle Auftragsbücher freuen könnten, aber keine oder nur geringe Umsätze bzw. Gewinne erwirtschaften, weil aufgrund des Rohstoffmangels nicht produziert werden kann. Um aus diesem Engpassdilemma einen Ausweg zu finden, werden zwei Gegentrends schlagend werden. Zum einen wird der Trend zur Dematerialisierung kommen. Darunter versteht man, dass die produzierende Industrie enorme Anstrengungen unternehmen wird, mithilfe neuer Technologien den Einsatz von Rohstoffen auf ein Minimum zu reduzieren bzw. diesen sogar auf Null zurückzuführen. Folgendes Beispiel dazu: Laptops und Computer werden ab 2010 keine Tastatur mehr brauchen, weil diese Geräte dann auf Zuruf funktionieren werden. Somit entfällt der Rohstoffeinsatz für die Tastatur zur Gänze.

Zum anderen wird das Reparieren von defekten Geräten, aber auch das Recycling, insbesondere das Recycling von rohstoffintensiven Produkten, eine Renaissance erleben. So werden zB alte Schiffe, die als zusätzlicher Rohstoffspender für Eisen und Stahl fungieren, oder PVC-Komponenten, die bekanntlich aus Erdöl bestehen, dem Wirtschaftskreislauf neu zugeführt. Das Recycling wird ein boomender Wirtschaftszweig, da dadurch die Rohstoffabhängigkeit tendenziell reduziert werden kann.

Zukunftsorientierte Handwerksbetriebe werden aus diesem Trend folgerichtig zwei Maßnahmen ableiten können. Die wichtigste ist, die steigenden Kosten durch die explodierenden Rohstoffpreise unbedingt an den Markt und damit an die Kunden weiterzugeben. Auf keinen Fall sollte ein Handwerksbetrieb versuchen, die kommenden Preissteigerungen aus falscher Bescheidenheit oder aufgrund von althergebrachten Kalkulationsmodellen im eigenen Unternehmen

abzufedern. Dies würde ausschließlich zu Lasten der Deckungsbeiträge bzw. Gewinne gehen und spätestens mittelfristig das Unternehmen in seiner Existenz gefährden. Ziel muss es daher sein, aus dieser Entwicklung additive Deckungsbeiträge und Gewinne für das Unternehmen zu erwirtschaften. Hier kann die Stahlindustrie als Vorbild für die Handwerksbetriebe dienen. Im Jahr 2005 stiegen die Rohstoffpreise von Eisenerz weltweit bis zu 25 % an. Die Industrie nutzte diese Preisentwicklung und erwirtschaftete den höchsten Gewinn seit ihrem Bestehen, indem sie nicht nur die Rohstoffpreiserhöhung 1:1 an den Markt weitergab, sondern auch einen zusätzlichen Gewinnaufschlag kalkulierte. Zusätzlich wurden weitere Rationalisierungsmaßnahmen umgesetzt, die zu einer firmeninternen Kostendegression führten und damit das Gesamtergebnis in Summe in Rekordhöhe führten.

Als zweite Maßnahme sollte der Einkauf auf Materialien konzentriert werden, die bewusst auf die Reduktion bzw. Minimierung des Rohstoffeinsatzes setzen. Hier kommt dem Trend zur Miniaturisierung eine besondere Bedeutung zu. Ein Beispiel dazu: In den letzten 10 Jahren ist es gelungen, den Rohstoffeinsatz bei Frischhaltefolien um 50 % zu reduzieren bei gleichzeitiger Erhöhung der Qualität bei Reißfestigkeit und Anwenderfreundlichkeit. Im Einkauf sollte daher darauf geachtet werden, dass mehrheitlich Produkte, die mit rohstoffminimiertem Einsatz produziert werden, angeschafft werden.

Wie bereits skizziert, wird durch den Trend zu explodierenden Rohstoffpreisen die Wegwerfgesellschaft ein Umdenken vollziehen. Reparaturen bei langlebigen Konsumgütern bzw. bei Investitionsgütern, wie zB bei Waschmaschinen, Wäschetrocknern, weißer und brauner Ware, sowie die intelligente Renovierung und Sanierung von Häusern werden an Bedeutung gewinnen und zusätzliche Handwerksleistungen erfordern. Damit stehen dem Handwerk in Summe neue Wachstumspfade offen.

Die Sensibilität der Gesellschaft, der Märkte und der Kunden Bezug nehmend auf den Trend zur Rohstoffverknappung wird zusätzlich durch die explodierenden Erdöl- und Erdgaspreise angeheizt.

2010 wird ein Barrel Erdöl am Weltmarkt etwa 100 US-Dollar kosten, Tendenz weiter steigend. Diese Entwicklung wird dem Handwerk neue Wachstumsmärkte sowohl im Bereich des Energiesparens eröffnen als auch bei der Montage von Energie produzierenden Geräten und Techniken, die dezentral im einzelnen Haushalt eingesetzt werden können. Hinzu kommt, dass durch die explodierenden Energiepreise die Logistik- und Produktionskosten im Handwerk und in der Industrie bis 2012 zusätzlich steigen werden. Denken Sie hier nur an die Bauindustrie und an das Baunebengewerbe. Ziegelwerke werden beispielsweise jährlich eine 10%ige Verteuerung der Energiepreise zum Brennen von Ziegeln verzeichnen und diese auch anteilig an den Markt bzw. an die Kunden weitergeben müssen. Diese Entwicklung setzt sich in der Logistik fort, da beispielsweise Lkw-Fahrten für voluminöse und schwere Materialien zusätzlich verteuert werden.

Zukunftsthese 3: Die Zielgruppe des Handwerks ist die 35-Plus-Generation!

Weiterführende Erkenntnisse aus der Marktforschung zeigen, dass die 18- bis 35-Jährigen, unabhängig davon ob Mann oder Frau, keine wirklich potenzielle Zielgruppe für die Handwerksbetriebe darstellen. Diese Klientel hat fünf Hauptbedürfnisse: Mobilität, Partnerschaft, Job, Lebensgenuss und Unabhängigkeit. Einrichtungsgegenstände werden beispielsweise bei IKEA bzw. in Diskontergeschäften gekauft, In-Marken wie zB Red Bull, der Energy Drink, oder Nike bzw. Adidas in der Freizeitbekleidung sind ein Must-have. Viele andere Konsum-

und Investitionsgüter werden billig bzw. sehr preisbewusst angeschafft. Das Auto bzw. das Zweirad, das die Mobilität ermöglicht, hat den höchsten Stellenwert. Wenn ein junger Mensch seinen Hormonhaushalt spürt, will er nicht warten, bis der nächste Bus oder Zug ihn zum Freund bzw. zur Freundin bringt. Er oder sie setzt sich ins Auto oder auf das Zweirad, um das Date je nach Wunsch und unabhängig vom Zeitpunkt wahrnehmen zu können.

Ein Denkmusterwechsel inklusive einer signifikanten Verhaltensänderung passiert zwischen 35 und 45 Jahren. Hier werden Werte wie das eigene Nest, schöne und komfortable Einrichtungsgegenstände, das ökonomische Denken und Handeln bei der Energieversorgung mittels intelligenter Renovierung und Sanierung bzw. Haustechnik und auch die gesundheitsorientierte Ernährung immer wichtiger. Im Investitionsgüterbereich wendet sich die 35-Plus-Generation mehrheitlich von der Diskonter- und 08/15-Anbieterlandschaft ab, da zum einen ein anderer Motivationshaushalt nun das Leben prägt und zum anderen die Kaufkraft in Folge höherer Einkommen signifikant steigt.

Hier hat das Handwerk die große Chance, diese Zielgruppe als kaufkräftige Klientel zu gewinnen. Wobei die 35-Plus-Generation in vier Gruppen zu unterteilen ist, nämlich in die 35- bis 45-Jährigen, die 45- bis 65-Jährigen, die 65- bis 75-Jährigen und die 75- bis 100-Jährigen. Dies ist deshalb notwendig, da bei diesen Altersgruppen signifikante Unterschiede im Investitions- und im privaten Konsumverhalten, in der finanziellen Situation bzw. im Lifestyle zu verzeichnen sind.

Die 35-Plus-Generation, die Kernzielgruppe des Handwerks – Soziales & Lifestyle

Altersklasse / Motivation & Bedürfnisse	35 – 45 Jahre	45 – 65 Jahre	65 – 75 Jahre	75 – 100 Jahre
Soziales & Lifestyle	Die Phase, möglichst lange bei den Eltern zu leben, ist vorbei. Das eigene Nest wurde bzw. wird gebaut. Ein bis zwei Kinder bereichern die Privatsphäre in der Familie bzw. Partnerschaft, wobei gilt, lieber nur ein Kind, damit der finanzielle Spielraum für Hobbys und Freizeitvergnügungen mehrheitlich vorhanden bleibt. Im Job wird Karriere gesucht bzw. settelt man sich am Arbeitsplatz bzw. in seinem Berufsbild.	Die Midlife-Krise zieht ein. Eine 50%ige Scheidungsquote in dieser Altersklasse ist die Folge. Eine persönliche Standortbestimmung und Neuorientierung des Lebens sowohl privat als auch beruflich sind die Folge. Ein leeres Nest, neue Partnersuche, Angst, den Job zu verlieren oder eine Etablierung zu den Gut- und Bestverdienern oder die Frühpensionierung, die vorzeitige Vermögensveräußerung oder der weitere Vermögensaufbau sind spezielle Charakteristiken in dieser Lebensphase.	Eine neue Partnerschaftsstabilität, eine sichere Einkommensstruktur, der Wegfall des Arbeitsdruckes und vieler Stressfaktoren sowie Lebensgenuss und Erlebnis, das Erleben eines zweiten Frühlings stehen hier im Lebensmittelpunkt. Die grauen Tiger werden aktiv. Sie sind fitter als die 50-Jährigen vor 30 Jahren und leben dies auch aus.	Die private Rückzugsphase beginnt. Die Einsamkeit bzw. die Angst vor dem Tod werden zum prägenden Lebensstil. Die Menschen beginnen, sich mit dem Thema „Pflege, Sterben und Tod" intensiv zu beschäftigen. Die persönliche Gestaltungskraft bzw. der Wunsch, wirtschaftliche Investitionen zu tätigen, nimmt signifikant ab. Das Verhalten wird durch die Reggression geprägt, das heißt die 75-Plus-Generation wird in ihren Verhaltensmustern Kindern immer ähnlicher.

Die 35-Plus-Generation, die Kernzielgruppe des Handwerks – Privates Konsumverhalten

Altersklasse / Motivation & Bedürfnisse	35 – 45 Jahre	45 – 65 Jahre	65 – 75 Jahre	75 – 100 Jahre
Privater Konsum	Wegen hoher Investitionen wird bei den Produkten des alltäglichen Bedarfs bestmöglich gespart. Handelsmarken und Diskonterangebote bzw. Schnäppchen werden aktiv gesucht. Lebensmittel, Mobilität, Reisen und Mode verlieren tendenziell an Bedeutung. Die Einrichtung, die die eigenen vier Wände betrifft, aber auch die Aus- und Fortbildung gewinnen an Bedeutung.	Durch die neue Lebensphase als Single bzw. die neue Partnerschaft gewinnen Mode- und Schönheitsprodukte und Dienstleister für den alltäglichen Bedarf, wie zB Gartenpfleger, Haushälterin etc., an Bedeutung. Reisen, Außer-Haus-Verzehr, Gesundheit und Lebensmittel mit Wellnessversprechen sowie Aus- und Fortbildung werden wichtiger. Verlierer sind bzw. bleiben die Mobilität, 08/15-Lebensmittel und Sonstiges wie zB Rauchen.	Lebensmittel mit Gesundheitsversprechen, Medikamente zur Vorsorge der eigenen Gesundheit, der fremdgeführte Haushalt plus Reinigungs- und Pflegepersonal gewinnen an Bedeutung, so auch Beleuchtung, Heizung und Kühlung. Verlierer sind Mode, Reisen, 08/15-Lebensmittel und der Außer-Haus-Verzehr.	Der private Konsum zeichnet sich durch eine enorme Bescheidenheit aus. Gewinner sind bzw. bleiben Gesundheits- und Pflegeausgaben, Haushaltshilfenaufwendungen, sowie Heizung, Kühlung, Beleuchtung und Home-delivery-Service-Angebote.

Die 35-Plus-Generation, die Kernzielgruppe des Handwerks – Investitionsverhalten

Altersklasse / Motivation & Bedürfnisse	35 – 45 Jahre	45 – 65 Jahre	65 – 75 Jahre	75 – 100 Jahre
Investitionsverhalten	Der Neubau des Einfamilienhauses, der Kauf der Eigentumswohnung, die Renovierung und Sanierung, die Anschaffung eines Swimmingpools inkl. Wellnessoase, eine innovative Haustechnik, die Energie sparen hilft und Komfort bietet, stehen ebenso wie die Einrichtung im Fokus der Ausgabenbereitschaft. Die Mobilität gewinnt eine neue Qualität. Pick-Ups, Vans oder das Zweirad wie eine Harley, Motogucci oder BMW etc. gewinnen an Bedeutung.	Die Renovierung und Sanierung, die Umstellung der Haustechnik, insbesondere wegen des Energiesparens und des Komfortzugewinns, sowie Ergänzungsinvestitionen wie Pool, Gartenmodellierung etc. stehen hier im Vordergrund. Ebenso der Kauf des Zweit-Pkws mit Erlebenscharakter, zB ein Cabrio, Oldtimer oder das Motorrad werden angeschafft.	Ersatzinvestitionen im Haus sowie energiesparende Anschaffungen zur Senkung bzw. Stabilisierung der Betriebskosten werden verstärkt getätigt. Die Einrichtung wird auf altersgerechtes Wohnen adaptiert. Das Auto, das Zweirad bzw. die Mobilität verlieren tendenziell an Bedeutung.	Desinvestitionen stehen nun im Vordergrund. Lediglich Ersatzinvestitionen werden noch getätigt bzw. Adaptionseinrichtungen angeschafft, die ein möglichst langes Verbleiben in den eigenen vier Wänden auch im Falle der Pflegebedürftigkeit ermöglichen.

Die 35-Plus-Generation, die Kernzielgruppe des Handwerks – Finanzielle Situation

Altersklasse / Motivation & Bedürfnisse	35 – 45 Jahre	45 – 65 Jahre	65 – 75 Jahre	75 – 100 Jahre
Finanzielle Situation	Das monatlich verfügbare Einkommen steigt durch den Aufstieg auf der Karriereleiter bzw. Settelung am Arbeitsplatz. Gleichzeitig wird das Geldvermögen vermehrt in Sachvermögen angelegt. Die Pensionsvorsorge bzw. Er- und Ablebensversicherungen gewinnen an Bedeutung. Das durchschnittliche Haushaltsnettoeinkommen für 3 Personen beträgt rund € 2.000,– monatlich.	In dieser Lebensphase beginnt sich die Einkommens- und Vermögenskurve zu polarisieren. 40 % der Menschen, die dieser Altersgruppe angehören, zählen zu den überdurchschnittlich Einkommensstarken. Hier ist die Zeit und nicht mehr Geld das knappe Gut. 20 % sind der einkommensschwachen Gruppe zuzurechnen, wovon 10 % unter oder an der Armutsgrenze leben. Bei einer 10%igen Arbeitslosen- bzw. Frühpensionistenquote ist diese Zielgruppe für das Handwerk nur geringfügig von Bedeutung.	50 % dieser Zielgruppe repräsentieren die Reichsten von den Reichen. Geld und Sachvermögen sind in dieser Zielgruppe reichlich vorhanden und werden auch selektiv genossen bzw. veräußert, um Liquidität zu gewinnen. Frei nach dem Motto: „Wir Senioren leben und genießen und reduzieren unser Erbgut selektiv."	Finanzieller Reichtum und Armut polarisieren weiter. Die Desinvestitionsphase erlebt ihren Höhepunkt. Die Sparquote steigt über 15 % des verfügbaren Einkommens bei den durchschnittlich und besser Gestellten. Voraussetzung dafür ist, dass der 75-Plus-Mensch kein Pflegefall ist.

Kommentar zur 35-Plus-Generation

Für das Handwerk gilt, dass die Hauptentscheidungsträger bei der Auftragsvergabe die Frauen sind. Rund 80 % des frei verfügbaren Einkommens werden von den Frauen ausgegeben. Wobei gilt, dass der Mann offiziell, sozusagen um seine Etikette zu wahren, den Auftrag unterschreibt. Ob bzw. welcher Handwerksbetrieb den Zuschlag erhält, wird jedoch vom sogenannten „schwachen Geschlecht", das wie die Fakten zeigen objektiv das starke Geschlecht ist, bestimmt.

Ab 2010 wird es einen kleinen Turnaround in diesem Zusammenhang geben. Dadurch, dass die Männer wieder selbstbewusster werden, wird der Anteil, über den die Frauen am frei verfügbaren Einkommen bestimmen, auf etwa 60 % zurückgehen.

Image ist Schale – Persönlichkeit der Kern.

Marco Baumann, Unternehmensleiter der Rausch AG, Kreuzlingen/Schweiz

In einer differenzierten Betrachtungsweise der Geschlechter fällt auf, dass Frauen sowohl im Konsum als auch bei Investitionen signifikant genuss- und lustorientierter sind als Männer. Die Genussorientierung der Weiblichkeit erfordert von Handwerksbetrieben Angebotsformen, die sympathisches Design bzw. Optik, Statussymbole, Pflegeleichtigkeit bzw. Service und Dienstleistungen sowie Sauberkeit bei der Ausführung in den Vordergrund stellen. Männer hingegen sind primär funktional und technisch orientiert, wobei das Kaufobjekt ausgewählte Showeffekte haben sollte, die präsentierbar sind. Die Spaßkomponente bzw. die Showeffekte werden in Zukunft einen immer höheren Stellenwert einnehmen. Bedenken Sie bitte in diesem Zusammenhang, dass rund 63 % der Männer auf Ausstattungs- und

Bedienungsmerkmale, die den Spieltrieb aktivieren bzw. befriedigen, besonders ansprechen.

Erfolgs- und zukunftsorientierte Handwerksbetriebe sollten daher für die 35-Plus-Generation ihre Angebotsformen sowohl bei den Produkten als auch bei den Serviceleistungen auf folgende vier Säulen stellen:

Das Vier-Säulen-Modell für erfolgsorientierte Angebotsformen des Handwerks

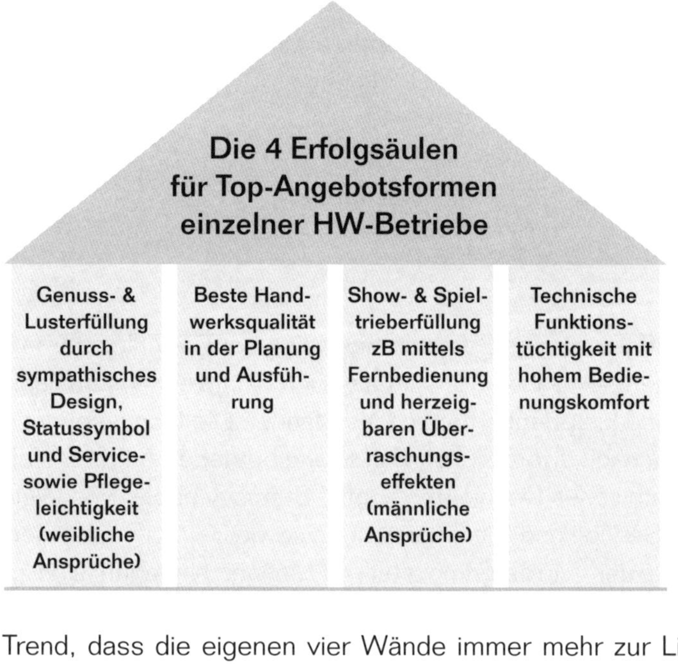

Der Trend, dass die eigenen vier Wände immer mehr zur Lifestylebühne werden, setzt sich weiter fort. Das Einladen von ausgewählten Gästen ins private Heim wird bis 2015 weiter an Stellenwert gewinnen.

Die Hausbesitzer und Wohnungsinhaber wollen ihre Gäste mit smarten Einrichtungs- und Ausstattungsmerkmalen überraschen und unterhalten, um so zusätzliche Anerkennung zu gewinnen. Hier gibt es ein sehr breites Betätigungsfeld für innovative und fantasievolle Handwerksbetriebe. Schreiner bzw. Tischler, Elektriker, Zimmermeister, Installateure, um nur vier Beispiele zu nennen, können sich durch kreative Ideen bei der 35-Plus-Zielgruppe profilieren und so auch neue Kundenkreise gewinnen. Voraussetzung dafür ist, dass mehr weibliche und kindliche Emotionen und Sichtweisen bei der Produktentwicklung und Dienstleistungsdurchführung zugelassen und auch eingebaut werden.

Das Endziel für jeden Handwerksbetrieb, gleich ob er für den Endverbraucher oder für den Business-to-business-Bereich, also für Unternehmer, tätig ist, sollte sein, jeden einzelnen Kunden durch seine Leistung zu begeistern, oder anders gesagt: Das Ziel, das über Jahrzehnte hindurch die Marktbearbeitung der Handwerksbetriebe bestimmte, nämlich zufriedene Kunden zu haben, ist ein Auslaufmodell. Die Frage, die sich daher jeder Handwerksbetrieb stellen sollte, heißt demnach: Mit was, wie und wann kann die 35-Plus-Generation begeistert werden?

Zukunftsthese 4: Der Wettbewerb zwischen den Branchen nimmt dramatisch zu!

Ein Blick in die junge Vergangenheit hilft, diese Zukunftsthese nachvollziehbar zu machen. Zu Beginn der 90er-Jahre wurde das Haushaltsbudget der Endverbraucher durch Handy- und Internetkosten so gut wie nicht belastet. Einfach deshalb, weil diese Technologie für die breite Öffentlichkeit kaum zur Verfügung stand oder zu teuer war.

Heute werden bereits rund 5 % des frei verfügbaren Einkommens in einem durchschnittlichen Haushalt für Handy und Internet ausgegeben.

Nachdem die volkswirtschaftliche Geldmenge M3 ebenso eine begrenzte Ressource darstellt, wie auch die einzelnen Haushaltsbudgets ihre Grenzwerte haben, stellen sich somit nicht nur die Endverbraucher, sondern auch die Firmen und Unternehmungen immer bewusster die Frage, in welchen Branchen bzw. für was sie ihre finanziellen Ressourcen frei machen wollen bzw. sollen. Dies gilt für Investitionen gleichermaßen wie auch für den privaten Konsum.

Zu den großen Gewinnern werden bis 2015 folgende Branchen zählen: Die Bau- und Energiewirtschaft, die Lösungen anbietet, damit die Kunden aus der immer brisanter werdenden Energiekostenfalle entkommen können. Gleiches gilt auch für die Mobilitätswirtschaft, wo Hybridfahrzeuge sowie Brennstoffzellen- bzw. wasserstoffgespeiste Pkws, Busse und Lkws mit neuen Motorenmanagementsystemen ausgestattet werden. Diese neuen Technologien müssen in der Praxis problemlos funktionieren bzw. auch den gewohnten Fahrkomfort bieten. Ziel ist es, den explodierenden Energiepreisen durch diese neuen technologischen Systeme ein Schnippchen zu schlagen. Hier hat das Handwerk sehr große Wachstumspfade vor sich, da insbesondere in der Bauwirtschaft die neuen High-tech-Module bzw. -komponenten vom Handwerk montiert werden müssen. Die Industrie bleibt weiter auf dem Pfad, dass sie die Produkte herstellt und mehrheitlich viel Geld in die Forschung und Entwicklung sowie in das Marketing investiert. Die Ausführungen vor Ort bleiben aber weiterhin den Handwerksbetrieben vorbehalten.

Weitere Wachstumsbranchen werden sein: Gesundheit und Wellness, die Altersvorsorge sowie die Altenpflege. Der Trend zur

100-jährigen Gesellschaft, die in der EU sowie in den USA und Japan zum Faktum werden wird, lässt diese prognostizierte Entwicklung schlüssig nachvollziehen. Wobei innerhalb der EU eine differenzierte Betrachtungsweise notwendig ist. Die Gesellschaft der 100-Jährigen wird in Westeuropa und in den alten 15 EU-Staaten schlagend werden: 2005 lebten in Deutschland 50.000 Menschen, die 100 Jahre oder älter waren, in Österreich 6.000. In Osteuropa ist die Lebenserwartung signifikant geringer. So zeigt beispielsweise die Lebenserwartungskurve in Russland bei Männern eine durchschnittliche Lebenserwartung von 55 Jahren an, Tendenz weiter fallend.

Die Anonymität und Gleichförmigkeit sind Begleiter einer globalisierten Welt. Wir Menschen suchen daher nach Gegenpolen wie Einzigartigkeit und Authentizität. Wir sehnen uns nach Handwerksleistung.

Mag. Dieter Usleber, Marketingleiter der Bramac Dachsysteme International GmbH, Pöchlarn

Auch die mobilen Service- und Dienstleister werden in den nächsten 10 Jahren im Handwerk außerordentlich hohe Zuwachsraten verbuchen, sofern sie ihr Leistungspaket auf die 35-Plus-Generation fokussieren. Beispiele dazu sind Friseure und Handwerksbetriebe, die Service- und Dienstleistungen uam. vor Ort anbieten.

Zu erwarten ist, dass jene Branchen zu den Verlieren zählen werden, die ihr Leistungsangebot nicht auf die nachhaltigen Zukunftsthesen aufsetzen. Diesen Branchen mangelt es an Attraktivität, Anziehungskraft und einem echten Innovationsgehalt und das beabsichtige Endziel, nämlich begeisterte Kunden zu schaffen, wird somit verfehlt.

Eine besondere Verantwortung kommt daher der geistigen Elite in den einzelnen Branchen zu, nämlich attraktive Leistungsangebote zu generieren, die Vorbildfunktion haben und die so stark sind, dass die Kunden sie imitieren wollen bzw. zum Kauf motiviert werden.

Ein Beispiel dazu, wo in der Vergangenheit die geistige Elite versagt hat, ist die Modebranche. Die jährlich präsentierten Kollektionen der sogenannten Stardesigner auf den internationalen Modemeilen sind für die breite Öffentlichkeit weder leistbar noch tragbar. Die Konsequenz daraus ist ein tendenziell abflauendes Interesse an der Modebranche.

In diesem Zusammenhang sei folgendes Gedankenexperiment erlaubt. Stellen Sie sich eine Autobranche vor, die über Jahre hinweg Pkw-Modelle auf den internationalen Messen präsentiert, die in der Praxis kaum zu fahren sind und vom Design her so verrückt sind, dass kein Konsument dieses Auto haben möchte. Da dies in der Realität in der Autobranche jedoch nicht der Fall ist, sind dort stetige Aufwärtskurven seitens der Konsumentennachfrage zu verzeichnen.

Die Praxis zeigt, dass es aber auch in der Modebranche positive Beispiele gibt, die hauptsächlich aus der Funktionsbekleidung kommen. Im Wesentlichen sind es drei Funktionsarten, die die potenziellen Kunden begeistern. Zum einen ist es die Funktionalität der Bekleidung, die primär Schutz bietet, zum anderen ist es der hohe Tragekomfort. Der dritte Aspekt ist das modische Design, das zum Beispiel Mitarbeiter der Feuerwehren, des THWs oder der Straßenmeistereien – um nur drei Beispiele zu nennen – positiv motiviert, den anspruchsvollen Job in einem Profi-Outfit auszuüben.

Für zukunftsorientierte Handwerksbetriebe sollte daher gelten, ein besonders wachsames Auge auf die Branchen zu werfen, die hohe Wachstumspotenziale verzeichnen. Gleichzeitig sollte sich jeder Unternehmer immer dabei die Frage stellen, inwieweit und mit welchem Leistungsangebot er an diesen Wachstumsbranchen partizipieren kann. Fakt ist, dass in Zukunft die größten Bedrohungen für den eigenen Handwerksbetrieb tendenziell nicht aus der angestammten Branche kommen werden, sondern vielmehr aus fremden Branchen.

Zukunftsthese 5: Der Trend zur Verschmelzung der Branchen

Handwerksbetriebe werden dann einen zusätzlichen Mehrwert in Form von steigenden Umsätzen und Gewinnen erwirtschaften können, wenn sie branchenübergreifende Angebote der 35-Plus-Generation und im Business-to-business-Bereich anbieten. Gleichzeitig ist der Trend zu berücksichtigen, dass es aufgrund der technischen Weiterentwicklungen immer öfter einen Abtausch von Branchen geben wird. Ein Beispiel dazu:

Erfolgreiche Metalltechnikbetriebe haben in den letzten 20 Jahren die Verschmelzung der Materialien Metall und Glas vollzogen. Einkaufszentren, Hotels, Bürogebäude der neuen Generation zeichnen sich durch große Glasfassaden aus, die innovative Metalltechnikbetriebe entweder in Kooperation mit Glasfirmen oder im Alleingang errichteten. Aufgrund der explodierenden Energiepreise wird es sowohl bei den Privaten als auch bei vielen Firmen die Erkenntnis geben, dass große Glasfassaden enorme Kühl- bzw. Heizkosten verursachen. Bekanntlich hat der Flughafen München höhere Kühl- als Heizungskosten.

Durch die Einführung des Energiepasses bzw. Energieausweises, wie er in Deutschland heißt, werden Bauarten, die „Energiefresser" sind, zukünftig durch eine Abwertung der Immobilie bestraft. Die Konsequenz daraus wird sein, dass die großen Glasflächen verkleinert oder durch andere Materialien substituiert werden. Architekten, Baumeister und Planer werden daher zukünftig vermehrt anstelle von großen Glasflächen Fotovoltaikmodule sowohl beim Neubau als auch bei der Renovierung und Sanierung vorsehen.

Für innovative Handwerksbetriebe eröffnen sich dadurch enorme Marktchanchen, die auf der einen Seite begeisterte Kunden und auf der anderen Seite ein effektives Kostenmanagement mit sich bringen werden. Voraussetzung dafür ist der Teilabtausch von Glasflächen durch Fotovoltaikflächen. Oder anders gesagt: In Zukunft wird die Verschmelzung der Metallbranche mit der Glasbranche rückläufig sein, gleichzeitig werden die Metalltechnikbetriebe verstärkt mit der Solar-, insbesondere mit der Fotovoltaik-Branche verschmelzen.

Keinen Abtausch, sondern vielmehr eine Erweiterung Bezug nehmend auf den Trend zur Branchenverschmelzung, werden erfolgsorientierte Handwerksbetriebe vollziehen, wenn sie beispielsweise das Bad der Zukunft im privaten Wohnbereich errichten. Eine Namenskorrektur dazu vorweg: Der Begriff Bad ist ein Auslaufmodell, an seine Stelle wird die Wellnessoase im Heimbereich treten.

Diese Wellnessoase für Zuhause braucht konzeptionell unterschiedliche Handwerksleistungen bzw. Gewerke. Die Marktforschung zeigt folgende signifikante Kundenwünsche: Die Räumlichkeit des „Bades alt“ soll von derzeit 6 m^2 auf eine „Wellnessoase neu“ von 12 m^2 vergrößert werden. Die Infrastruktur soll aus der Sicht der Kunden anstelle der Badewanne einen Whirlpool und statt der herkömmlichen Dusche eine Erlebnisdusche umfassen. Die Sauna inklusive Dampfkabinenfunktion soll ein integraler Bestandteil sein.

Die Decke der Wellnessoase sollte mit himmelähnlichen Motiven bemalt werden. Unterschiedliche Farben in der Beleuchtung sollen je nach Stimmung des Kunden frei wählbar sein.

Eine Bar, Musik und ein kleiner LCD-TV-Schirm runden den einzigarten Erlebnischarakter ab. Grundausstattungen wie Spiegel, Waschbecken, Fliesenboden inklusive Fußbodenheizung können in dieses innovative Wellnessoasekonzept optimal integriert werden.

Leicht nachvollziehbar ist, dass bei einer derartigen Angebotsleistung unterschiedliche Handwerksbranchen wie Installateure, Elektriker, Tischler bzw. Schreiner, Fliesenleger, Maler sowie der Architekt in ihrer Leistungserbringungsart verschmelzen.

Die Durchführung solch attraktiver und innovativer Projekte kann entweder in Form von Kooperationen erfolgen oder von einem einzigen Handwerksbetrieb durchgeführt werden, wenn dieser gewillt ist, andere Gewerke in sein Unternehmen aufzunehmen bzw. zu integrieren. Sicher ist, dass bei dieser Angebotsform die jeweiligen Handwerksbetriebe aus dem direkten Preisvergleich ausbrechen können und so in der Zukunft bessere Ertragschancen haben können.

Ein sehr zukunftsorientiertes Beispiel aus Südtirol zeigt, wie durch einen Zusammenschluss von innovativen Handwerksbetrieben Märkte mit Zukunft erschlossen werden können.

Das Südtiroler KlimaHaus, CasaClima, eine Innovation aus einem Handwerksverbund mit Format

Ansprechpartner per E-Mail giovanna.morena@lvh.it, Landesverband der Handwerker Bozen/Südtirol

Das Südtiroler Klimahaus garantiert eine exzellente Energieeffizienz, kombiniert mit hohem Wohnkomfort. Unter der Federführung des LVH Bozen wurde diese Konzeption entwickelt. Neun Bietergemeinschaften, die je nach Region in Südtirol gegründet wurden, umfassen derzeit 47 Handwerksbetriebe und vier technische Planungsunternehmen, die das zertifizierte Südtiroler Klimahaus errichten dürfen.

Im laufenden Geschäftsjahr liegt das Umsatzziel bei Neu- und Umbauten nach den Südtiroler Klimahausanforderungen bei 4 Mio. Euro. Die aktuellen Anfragen haben bereits 20 Mio. Euro erreicht. Das heißt, für die Idee von CasaClima Südtirol gibt es einen Markt!

Im Handwerksverbund gibt es Hauptunternehmen, Maurer/Zimmerer, die als Teilnahmegebühr, um bei CasaClima Südtirol mitmachen zu können, je 2.500 Euro zu zahlen haben. Baunebengewerbebetriebe wie Fliesenleger, Maler etc. zahlen 500 Euro, ebenso auch Techniker. Damit die Marke Südtiroler Klimahaus genutzt werden darf, werden von den Bietergemeinschaften vom Jahresumsatz 2 % an die CasaClima Südtirol Organisation überwiesen.

Als Gegenleistung dafür erscheint vier Mal pro Jahr die Fachzeitung CasaClima in einer Auflage von 20.000 Stück bzw. werden Messeausstellungen organisiert etc. Meilenstein der Positionierung des Südtiroler Klimahauses ist, dass der italienische Stil und die italienische Kreativität mit deutscher Genauigkeit und Verlässlichkeit sowie mit dem Begriff Südtirol verbunden wird. Die Vertriebsstelle CasaClima unterstützt die Betriebe bei der Suche und Gründung von Bietergemeinschaften. Jede Bietergemeinschaft bzw. jeder Handwerksbetrieb ernennt ein federführendes Unternehmen als Ansprechpartner für CasaClima Südtirol in ihrer bzw. seiner Region.

Die Auftragsvergabe läuft folgendermaßen ab: CasaClima Südtirol erhält eine Anfrage. Die diesbezügliche ausgefüllte Checkliste wird den Bietergemeinschaften bzw. dem Handwerksbetrieb geschickt. Innerhalb von drei Tagen müssen die Bietergemeinschaften/Handwerksbetriebe antworten und damit ihr Interesse bekunden. Nach einem Zufallsgenerator unter Berücksichtigung gewisser Parameter werden drei Bietergemeinschaften/Handwerksbetriebe ausgewählt. Diese haben die Pflicht, den Kunden direkt innerhalb von drei Tagen zu kontaktieren und ein Angebot zu unterbreiten. Sollten sie sich nicht melden, so wird die Auftragsanfrage anderen Interessenten weitergegeben. Die Bietergemeinschaft, die den Auftrag übernimmt, hinterlegt ein Treuhandkonto bzw. eine Bankgarantie von 10 %. Die Ausführung und die handwerkliche Arbeit müssen zu zwei Dritteln von einheimischen qualifizierten Betrieben durchgeführt werden. Die Vertriebstelle CasaClima Südtirol kontrolliert stichprobenartig die Baustellen, die Ausführung und übernimmt auch die Zertifizierung. Auf alle Aufträge, die über die Vertriebsstelle vermittelt werden, ist eine Kommission von 2 % auf das durchgeführte Auftragsvolumen zu entrichten.

Wenn ein Unternehmer erfolgreich alt werden will, muss er durch ständige Innovation jung bleiben!

Dr. Hanspeter Munter, MdL, Präsident der Wirtschaftskommission zum Südtiroler Landtag
Direktor des Südtiroler Landesverbandes der Handwerker (LVH) Südtirol

Das besonders Unverwechselbare an diesem Konzept ist, dass ein Verband, im Speziellen der LVH, eine Wortbildmarke CasaClima kreiert und diese mit der Region, im Speziellen Südtirol, verknüpft hat. Damit wird eine neue Qualitätsebene sowohl beim Neubau als auch beim Umbau von Immobilien eingezogen, die auch zertifiziert wird. Nachdem die Kunden immer mehr Fullservice haben möchten, wird hier die Kooperation von unterschiedlichen Handwerksbetrieben gefördert, sodass die Erwartungshaltung der Kunden bestmöglich erfüllt wird.

Zukunftsthese 6:
Der Trend zu innovativen Handwerksbetrieben

Auch für Handwerksbetriebe gilt, dass, ähnlich wie bei den sehr erfolgreichen Wirtschaftsbetrieben Europas und Amerikas, 7 % des Jahresumsatzes durch echte Neuheiten, die das Unternehmen vor einem Jahr noch nicht angeboten hat, erwirtschaftet werden sollen. Wachstum in Umsatz und Gewinn kann ein Handwerksbetrieb hauptsächlich durch zwei Strategien erreichen:

Einmal durch eine konsequente Innovationspolitik, zum zweiten durch eine disziplinvolle Markterweiterungsstrategie. Letztere wird im Teil Marketing im Bereich der Produkt-Markt-Wachstumsmatrix dargestellt.

Ob eine Innovation im Handwerksbetrieb vorliegt, bestimmen ausschließlich die Kunden und der Markt. Folgende sechs goldene Regeln sollte jeder Handwerksbetrieb bei diesem so wichtigen Unternehmensschwerpunkt beachten:

1. Eine Innovation braucht zwei bis drei Jahre Zeit, bis sie substanzielle Umsätze und Gewinne erwirtschaftet.
2. In den ersten ein bis zwei Jahren muss der Unternehmer bereit sein, Zeit und Geld in Personal, neue Produkte, das Auffinden der richtigen Märkte und Absatzwege sowie die diesbezüglichen Zielgruppen zu investieren. Des Weiteren gilt es, im Rahmen der Innovationsentwicklungen das technische und handwerkliche Know-how aufzubauen, um die Innovation am Markt auch erfolgreich umsetzen zu können. Wobei gilt, dass ein Handwerksbetrieb Neuheiten hauptsächlich in wachsende Märkte einführen sollte. Märkte, die eine rückläufige Nachfrage entwickeln, sollten mehrheitlich gemieden werden.

Ein Beispiel dazu: Installateure und Heizungsbetriebe, die auf Erdöl- und Erdgasheizungen setzen, werden aufgrund der explodierenden Erdöl- und Erdgaspreise und der damit verbundenen rückläufigen Nachfrage nur schwer Wachstumspotenziale eröffnen können. Setzt ein Handwerksbetrieb jedoch auf innovative Heiz- und Kühlsysteme auf Basis alternativer Energien sowie deren Montage und Service, sind die Wachstumschancen außerordentlich attraktiv und lukrativ.

3. Die Innovation des Handwerksbetriebes muss die Kunden und den Markt begeistern. Von 08/15-Produkten bzw. Serviceneuheiten ist dringend abzuraten.

4. Bringt ein Handwerksbetrieb in seiner Region eine echte Innovation als erster auf den Markt, kann er sich als regionale Nummer eins hervorragend profilieren. Voraussetzung dafür ist, dass das Unternehmen diese Neuheit auch bewirbt, um zum einen die Innovation bekannt zu machen, und zum anderen sein Image als innovatives Unternehmen am Markt zu festigen.

5. Handwerksbetriebe haben die grundsätzliche Stärke, dass sie als traditionelles Unternehmen in der Region gelten. Umso wichtiger ist daher, dass das Image des Handwerksbetriebes zusätzlich mit einer innovativen Leuchtkraft versehen wird. Nachfolgend dazu ein Imageprofil von zwei Handwerksbetrieben im Direktvergleich, wobei der eine ein Gewinner und der zweite ein klassischer Verlierer ist.

Imageprofil von zwei gegensätzlich positionierten Handwerksbetrieben X und Y

Imagekriterien	1	2	3	4	5	Imagekriterien
1. sehr innovativ	X			Y		nicht innovativ
2. sehr qualitätsorientiert	X	Y				wenig qualitätsorientiert
3. sehr pünktlich		X	Y			wenig pünktlich
4. sehr freundlich	X		Y			wenig freundlich
5. höherpreisig		X	Y			billig
6. sehr sympathisch	X			Y		wenig sympathisch
7. sehr serviceorientiert		X	Y			wenig serviceorientiert
8. sehr zuverlässig	X		Y			wenig zuverlässig
9. bietet Full Service		X			Y	erbringt Einzelleistungen
10. begeistert Kunden	X		Y			bietet Durchschnitt

1 ... sehr gut, 2 ... gut, 3 ... durchschnittlich, 4 ... schwach, 5 ... sehr schwach

Kommentar zum Imageprofilvergleich

Image ist die subjektive Vorstellung, die ein Kunde über ein Unternehmen, ein Produkt oder eine Dienstleistung hat, wobei die gefühlsbetonte Bewertung 70 % ausmacht und die rationale nur 30 %. Daher sind qualitative Faktoren wie zB Freundlichkeit und Zuverlässigkeit bzw. Innovationskraft von überproportional hoher Bedeutung.

Verstärkt wird diese Erkenntnis zusätzlich dadurch, dass – wie bereits bei der Zielgruppendarstellung der 35-Plus-Generation – die Frauen eine dominante Rolle bei der Bewertung eines Handwerksbetriebes spielen und auch die Auftragsvergabe hauptsächlich beeinflussen. Daher sollte auch jeder erfolgsorientierte Handwerksbetrieb die dargestellten und sogenannten weichen Imagekriterien besonders berücksichtigen. Je mehr weibliche Emotionen in die Betriebsführung und in das Marketing einfließen, umso höher ist die Wahrscheinlichkeit, dass die weichen und damit weiblichen Imagekriterien gut bzw. sehr gut abgedeckt werden.

Im dargestellten Imageprofilvergleich der beiden Handwerksbetriebe ist das Unternehmen X eindeutiger Gewinner, das Unternehmen Y der klare Verlierer. Fakt ist, dass die beiden Kriterien Qualität und Innovation das Fundament für eine mittel- und langfristig Erfolg versprechende Betriebsführung sind. Insbesondere Innovationen bilden ein einzigartiges Chancenpotenzial, um sich vom Mitbewerb abzuheben und auch attraktive Preise am Markt realisieren zu können.

6. Die Einführung einer Innovation macht für einen Handwerksbetrieb nur dann Sinn, wenn er spätestens in drei Jahren mit dem neuen Produkt bzw. der Dienstleistung oder dem Service mindestens 20 % seines Jahresumsatzes erwirtschaften kann. Da es weder

im Leben noch in der Wirtschaft eine Garantie für Erfolg geben kann, sollte jedes Unternehmen im Rahmen der Einführung von Innovationen eine spezielle Flop-Kultur aufbauen. Internationale Studien zeigen, dass von drei Innovationen eine ein großer Erfolg wird, zwei floppen bzw. bleiben stark hinter den Erwartungen zurück.

Selbst die intelligenteste High-tech-Innovation wird nicht leugnen können, dass sie das WERK einer HAND ist.

Florian Costa, Geschäftsführer der Costa Finanzconsulting GmbH, Linz

Zukunftsthese 7: Der Trend „Zurück zur Region“ gewinnt an Bedeutung

Die Globalisierung der Wirtschaft lässt sich nicht stoppen und sollte auch nicht verhindert werden. Von der Internationalisierung der Wirtschaft können auch die Schwellenländer sowie die armen und kaufkraftschwächsten Staaten bzw. deren Bevölkerung profitieren. Dass dies ein sehr langwieriger Prozess ist, ist leicht vorstellbar. Wobei die Chancen einer relativ gerechten Verteilung des Sach- und Geldvermögens größer sind als die Risiken. Wie schwierig aber eine Umverteilung zwischen Reich und Arm und auch die dazu notwendige Adaptierung der politischen und wirtschaftlichen Systeme ist, wurde insbesondere auch durch die Wiedervereinigung in Deutschland klar aufgezeigt.

Obwohl Westdeutschland seit der Wiedervereinigung bis 2006 rund 1.600 Mrd. Euro in die neuen Bundesländer investiert hat, ist das ehemalige Ostdeutschland die Region mit der höchsten Abwanderungsquote in Europa. Seit der Wiedervereinigung wanderten rund 30 % der Bürger aus den neuen Bundesländern in den Westen ab.

Zu Recht beurteilt die große Mehrheit der EU-Bevölkerung die Globalisierung der Wirtschaft trotz aller positiven und ehrenvollen Argumente als sehr kritisch. Die wesentlichen Gründe dafür sind die Angst vor Unbekanntem sowie dem Verlust des Arbeitsplatzes durch Verlagerung der Produktionsstätten in Billiglohnländer. Das Anwachsen der international organisierten Kriminalität und die ungleichen bzw. zum Teil extrem unfairen Methoden, die in der globalisierten Wirtschaft immer stärker durchschlagen, stellen weitere Angstpotenziale dar.

Der Gegentrend zur Globalisierung, der sich bei einer breiten Öffentlichkeit als Reaktionsmuster signifikant abzeichnet, heißt: „Der Trend zurück zur Region“.

Unternehmen aus der Region haben den Vorteil, dass immer mehr Menschen bestrebt sind, die Kaufkraft in der Region, in der sie leben, zu halten bzw. bewusst zu stärken. Diese Entwicklung birgt eine enorme Chance insbesondere für Handwerksbetriebe, die sich sehr oft als regionale Marktführer in ihrem Kerngeschäft profilieren können.

Die Kernregion eines Handwerksbetriebes hat im Durchschnitt einen Radius von 100 km. Tendenziell wird das Einzugsgebiet für leistungsfähige Handwerksbetriebe größer. Für hochspezialisierte Unternehmen kann die Region, in der sie tätig sind, durchaus einen Radius von bis zu 200 km haben, ausgehend vom Standort des Unternehmens.

Warum immer mehr Menschen zu regionalen Unternehmen tendieren, wird anhand der relativ unfairen Methoden, die in der globalisierten Wirtschaft vorherrschen, hier am Beispiel Chinas dargestellt. Die chinesische Wirtschaft verzeichnete 2005 ein reales Wirtschaftswachstum von rund 20 %, gemessen am Bruttoinlandsprodukt des Vorjahres. Nicht das enorme Wirtschaftswachstum beunruhigt die Europäer wie auch die US-Amerikaner, sondern die mangelnde Fairness der Chinesen im internationalen Wettbewerb.

List und Tücke zählen zu den erstrebenswerten Tugenden von chinesischen Managern und Unternehmern, die auch an den Universitäten als legitime Methodik in der Praxis der Elite gelehrt wird. Folgendes Motto gilt in diesem Zusammenhang als Leitmotiv: „Je mehr ein europäischer oder amerikanischer Geschäftspartner unter dem Einsatz von unfairen Verhandlungsmethoden über den Tisch gezogen werden kann, umso höher ist das Ansehen und der Stellenwert des chinesischen Managers bzw. Unternehmers im eigenen Land."

Hinzu kommt, dass in diesem Land mit rund 1,3 Mrd. Menschen die Verletzung der Marken- und Urheberrechte an der Tagesordnung ist.

Dies gilt übrigens für sehr viele Länder in Asien und neuerdings auch für osteuropäische Staaten, insbesondere für Polen. Viele europäische und US-Firmen kämpfen mit diesem Plagiat-Problem, wie der Fachbegriff dafür heißt, wobei in jüngster Zeit die Politik der EU und der USA auf diese kriminellen Machenschaften sensibilisiert wurde und auch bereits Maßnahmen eingeleitet wurden, die eine Eindämmung dieses Unwesens bewirken sollen.

Fakt ist auch, dass eine Vielzahl von chinesischen Firmen ihre Mitarbeiter zu Bedingungen und in einem Umfeld arbeiten lassen, die nicht nur in der EU, sondern auch in den USA schlichtweg verboten sind. Kinderarbeit zählt in China genauso zum wirtschaftlichen und gesellschaftlichen Alltag wie die routinemäßige Verletzung der Menschenrechte.

Tatsache ist, dass durch ein bewusstes Zusammenspiel von Politik und Wirtschaft, China bereits zum Weltmarktführer bei Kinderspielzeug und Mode aufgestiegen ist. Andere Wirtschaftszweige werden von den Chinesen bereits zusätzlich in den Fokus genommen. Auf den ersten Blick könnte man die Schlussfolgerung anstellen, dass dieser unlautere Wettbewerb aus ASIA und China nur ein Problem für die heimische Industrie innerhalb der europäischen Union und der USA sei. Dem ist aber nicht so. Die größten Fertigteilhaushersteller sitzen und produzieren bereits heute in Asien. Spätestens ab 2012 werden die ersten Fertigteilhäuser aus Asien, insbesondere aus China, nach Europa kommen und zu einem Preis von 79.000 bis 99.000 Euro schlüsselfertig angeboten. Dass solch preisaggressive Angebotsformen nicht nur die Bauindustrie, sondern auch viele Handwerksbetriebe im Baunebengewerbe in Europa massiv betreffen werden, ist leicht vorstellbar. Hinzu kommt, dass durch die Nichtbesteuerung des Schiffsbenzins und durch die Steuerfreistellung des Flugbenzins die Logistikkosten für Waren, die aus Asien bzw. aus

Amerika kommen, zusätzlich enorme Wettbewerbsverzerrungen verursachen. So kostet eine Tonne einer beliebigen Warenlieferung per Schiff beispielsweise von China nach Hamburg oder Rotterdam weniger als ein Transport der gleichen Tonnage per Lkw von München nach Wien. Hier ist die EU-Politik am Zug, diese Wettbewerbsverzerrungen und Ungerechtigkeiten durch eine additive Besteuerung des Schiffbenzins und auch des Kerosins signifikant abzufedern. Bis heute besteht in Europa beispielsweise das Gesetz aus dem Jahr 1950, das vorschreibt, dass Flugbenzin steuerfrei bleiben muss, damit sich die junge Branche, nämlich die Luftfahrt, überhaupt entwickeln kann. Tatsache ist jedoch, dass diese Steuerfreistellung sowohl bei Flug- wie auch bei Schiffsbenzin längst überholt ist und der heimischen Wirtschaft innerhalb Europas einen großen Schaden zufügt. Einfach deshalb, weil immer mehr Betriebe innerhalb der EU durch die billigeren Logistikkosten aus Übersee und Asien effektive Wettbewerbsnachteile haben.

Zum Thema Schiffsbenzin- und Kerosinbesteuerung hat das Institut für Marketing und Trendanalysen in Zusammenarbeit mit dem Co-Autor Wolfgang Grüneis ein Modell entwickelt, das eine relative Kostenwahrheit in der Logistik aus den transeuropäischen Regionen einfordert bei gleichzeitiger finanzieller Umverteilung der Steuereinnahmen zur Förderung der Handwerksbetriebe, die ja bekanntlich der zweitgrößte Arbeitgeber Deutschlands, Österreichs und Südtirols sind.

Wird die EU-Politik dieses Modell in seinen Grundsätzen umsetzen, wird der Trend „Zurück zur Region" dadurch additiv verstärkt. Dass der Trend zur Region immer stärker wird, zeigt unter anderem das nachfolgende Beispiel vom Fleischermeister Willi Scharun aus Deutschland.

Ein erfolgreicher Handwerksbetrieb mit Format, Fleischermeister Willi Scharun in Bottrop/Deutschland – Qualität statt Masse

Fleischermeister Willi Scharun in Bottrop wollte nicht warten, bis ihm die zahlreichen Fleischskandale komplett das Geschäft ruinieren. Als es ihm vor zehn Jahren selbst nicht mehr schmeckte, gab es für ihn nur noch einen Weg: Zurück zur Natur! Scharun wollte nur noch Produkte anbieten, bei denen er zu 100 Prozent wusste, was in ihnen steckt.

Gemäß dem Motto: „Klasse statt Masse!", fand er im Thönes-Natur-Verbund einen Partner, der über zahlreiche Kontakte und Lieferanten verfügt. Das Plus an Qualität hat natürlich seinen Preis: Bis zu 50 Prozent mehr mussten Scharuns Kunden für ihren Einkauf bezahlen. Die meisten haben die Preissteigerung jedoch gern in Kauf genommen. „Denen ist die Ernährung wichtig," erklärt der Metzgermeister: „Die essen lieber einmal weniger Fleisch, aber dafür welches, das schmeckt."

Seine Kunden aus sämtlichen Bevölkerungsgruppen: gesundheitsbewusste junge Leute, Familien mit Kindern und auch Senioren. Große Aktionen musste Scharun nicht starten, um den Preisanstieg zu rechtfertigen. Das Wichtigste ist nach seiner Erfahrung, alle Kundenfragen lückenlos zu beantworten. Das tun er und seine Mitarbeiter in den drei Filialen natürlich gerne.

Darüber hinaus veranstaltet Scharun einmal jährlich einen Aktionstag, um den Kunden die Herkunft seiner Produkte transparent zu machen. Dabei können die Kunden die Produktion des Biometzgers genauso anschauen wie den Bauernhof eines Zulieferers. Um die Außenwirkung seiner Naturprodukte zu unterstreichen, beantragte der

Metzgermeister schon 2001 die Bio-Zertifizierung. „Die Bezeichnung Natur ist schön und gut, aber leider nicht rechtlich geschützt", begründet Willi Scharun seine Entscheidung für das amtliche Gütesiegel.

Den Schritt zurück zur Natur haben er und seine beiden Söhne nicht bereut: Während die konventionell arbeitenden Branchenkollegen in den letzten Jahren Umsatzrückgänge von 15 bis 30 Prozent hinnehmen mussten, konnten sie den Umsatz steigern und ihren Stammkundenanteil von 40 auf 80 Prozent verdoppeln.

Zukunftsthese 8: Das Handwerk als exzellenter Tourismuswerber für die Heimatregion

Bezug nehmend auf den Trend „Zurück zur Region" hat das Handwerk eine enorm hohe Bedeutung, um neue Kunden in die Heimatregion des Handwerkbetriebes zu bringen. Oder anders gesagt: Das Handwerk kann zu einem ausgezeichneten Tourismuswerber werden, um neue Kunden aus einem Umkreis von 100 bis 200 km für die Hotellerie, Gastronomie und den Handel sowie weitere Dienstleister bzw. Handwerksbetriebe wie zB Friseure etc. zu gewinnen.

Folgendes Basis-Marketingkonzept sollte dabei berücksichtigt und umgesetzt werden:

Handwerksbetriebe, insbesondere Installateure, Maler, Tischler/Schreiner oder Solarteure erbringen ihre Arbeit in einem Umkreis von bis zu 200 km. Nach erbrachter Leistung kann ein Handwerksbetrieb im Sinne der Kundenpflege und des After Sale Services dem Kunden einen Gutschein eines regionalen Gastronomie- oder Hotelbetriebes schenken. Zum einen hat der Handwerksbetrieb den Vorteil, seinen Kunden seine Heimatregion bekannt zu machen und im Idealfall auch an sein Unternehmen zu binden. Zum anderen sollte der Handwerksbetrieb Top-Einkaufskonditionen bei der lokalen Hotellerie und Gastronomie haben, da diese vom Netzwerkmarketing des Handwerkbetriebes profitieren.

Ein Beispiel dazu: Das durchschnittliche Auftragsvolumen eines Handwerkbetriebes, der Projekte in einer Entfernung von 100 bis 200 km von seinem Standort durchführt, beträgt zwischen 20.000 und 30.000 Euro. Würde nun ein Handwerksbetrieb seinen Kunden einen Gutschein für ein Abendessen plus eine Übernachtung mit Frühstück für zwei Personen in einem netten 3- bzw. 4-Stern-Hotel aus der Region schenken, dann entspricht dies einem Wert von 150 bis 200 Euro. Der Einkaufspreis dieses Gutscheines müsste für den Handwerksbetrieb bei 75 bis 90 Euro liegen. Dieser Wert ist im Verhältnis zum fünfstelligen Auftragsvolumen eine kommerzielle Kleinigkeit. Die Chance aber, den Kunden an die Heimatregion des Handwerkbetriebes zu binden, ist überproportional hoch.

Das Handwerk hat goldenen Boden: Es gilt nicht mehr sich nur zu bücken und es aufzuheben, der Erfolg eines Unternehmens ist eine Frage des kreativen Einsatzes ungenützter Möglichkeiten!

Thomas Grillitsch, Marketingleiter Firma Goldwell Haarkosmetik Austria

Der günstige Einkaufspreis, insbesondere bei Hotelgutscheinen, aber auch bei Gutscheinen aus der Gastronomie, ist insofern realistisch, da auch der Hotelbetrieb bzw. Gastronomiebetrieb die Chance eröffnet bekommt, neue Kunden zu gewinnen, um so ein neues Wachstumspotenzial zu generieren. Auch die Kommune oder das Regionalmarketing könnte solch eine Maßnahme, die durch die jeweiligen Handwerksbetriebe im Sinne einer sanften Tourismuswerbung passiert, finanziell unterstützen.

Im Grunde genommen entspricht dieses Tourismuswerbekonzept, das durch die Handwerksbetriebe aus der Region getragen wird, einer klassischen Win-to-win-Strategie. Der Kunde des Handwerkbetriebes gewinnt. Das jeweilige Gewerk profitiert, da es im Sinne des After Sale Services seinen Auftraggeber positiv überrascht und die Hotellerie/Gastronomie sowie der Handel aus der Region gewinnen, da sie neue Kunden und Zielgruppen auffinden.

Für das Gelingen dieses Konzeptes ist die werbliche Gestaltung des zu übergebenden Gutscheines von großer Bedeutung. Dieser soll hochwertig und sympathisch wirken und eine Gültigkeitsdauer von einem Jahr haben.

Marktforschungsergebnisse zeigen, dass zwei Drittel der Hotelgutscheine eingelöst werden, ein Drittel wird nicht in Anspruch genommen. Diese Erkenntnis ist auch auf das Handwerk-Tourismus-Konzept übertragbar. Diese Art von Netzwerkmarketing entspricht auch dem Trend zur Verschmelzung der Branchen. Nachfolgend ein grafischer Überblick über dieses neue Handwerk-Tourismus-Konzept.

Das neue Handwerk-Tourismus-Konzept

Fazit

Das neue Handwerk-Tourismus-Konzept setzt die Hotel- und Essensgutscheine im Umkreis von 50 bis 200 km gezielt ein. Kunden, die direkt aus der Heimatregion des Handwerksbetriebes stammen, sollten keinen Hotelgutschein bekommen, da der Tourismuswerbeeffekt fehlt. Durchaus empfehlenswert ist es jedoch, die Abendessensgutscheine auch für Kunden aus der Heimatregion einzusetzen.

Zukunftsthese 9:
Der Trend zum Empfehlungsmarketing auf Basis von bestehenden begeisterten Kunden

Marktforschungserkenntnisse belegen glasklar, dass ein Handwerksbetrieb im Durchschnitt zwischen 35 und 45 % seines Jahresumsatzes auf Weiterempfehlung von bestehenden Kunden erhält, da der jeweilige Handwerker eine Top-Leistung erbracht hat. Dies gilt sowohl im Geschäft mit den Endverbrauchern als auch im Business-to-business-Bereich. In der Praxis läuft das im Wesentlichen wie folgt ab: Der Handwerkskunde erzählt seinen Freunden, Gästen bzw. Familienangehörigen oder auch Unternehmern, dass der Schreiner X, der Bäcker Y oder der Friseur Z eine erfreulich tolle Leistung erbracht hat.

Im Investitionsgüterbereich wie zB bei Möbeln, der Renovierung und Sanierung oder beim Neubau eines Hauses werden die Objekte in den meisten Fällen stolz präsentiert. Im Konsumgüterbereich genießt man das gekaufte Brot, die Mehlspeise, das Steak mit dem Hinweis auf die diesbezügliche Einkaufsquelle. Die schöne neue Haarpracht der Frau bzw. des Mannes wird dem Friseur zugeschrieben, der die Dienstleistung erbracht hat.

Die strategische Frage, die sich daher jeder Handwerksbetrieb stellen sollte, heißt somit: Wie kann man die Kunden, die zumindest einmal beim Handwerker gekauft haben, systematisch pflegen, damit diese so wertvolle Empfehlungsverhaltensweise bestehender Kunden weiter aufrecht bleibt.

Hier zeigen repräsentative Analysen, dass das Handwerk in diesem Zusammenhang sehr nachlässig ist. 90 % der Handwerksbetriebe machen keine systematische Kundenpflege. Folgende Gründe sind dafür verantwortlich:

1. Die meisten Handwerksbetriebe unterschätzen die Bedeutung und den Wirkungsgrad von aktiven Empfehlungen, die von bestehenden Kunden ausgehen.
2. Es fehlt an Ideen und Zeit, um Stammkunden zu pflegen. Das Geld kann in diesem Fall mehrheitlich nicht das Problem sein, da mit kleinen Budgets, wie nachfolgend noch dargestellt wird, eine große Wirkung erzielt werden kann.
3. Im Investitionsgüterbereich, wie zB bei Installateuren, Malern, Schreinern/Tischlern etc. herrscht breitflächig der Irrtum vor, dass, wenn ein Kunde einmal gekauft hat, dieser in den nächsten 10 bis 15 Jahren ohnedies kein potenzieller Kunde mehr sein kann, da er seinen Bedarf eben gedeckt hat. Dass dieser Kunde, wie bereits vorhin dargestellt, der wichtigste Werber in seinem Bekanntenkreis bzw. im Business-to-business-Bereich für den jeweiligen Handwerksbetrieb ist, wird schlichtweg unterschätzt.
4. Die weit verbreitete Einstellung im Handwerk, dass aktives Marketing mit den Schwerpunkten Werbung, aktiver Verkauf sowie Innovationsentwicklung kaum notwendig ist, wird zwar tendenziell geringer, ist aber bei mehr als 50 % der Handwerksbetriebe noch immer fest verankert.
5. In Zeiten, wo der einzelne Handwerksbetrieb eine gute Auslastung hat, steht verständlicherweise die Abwicklung der Aufträge im Alltagsgeschäft im Vordergrund. Die systematische Kundenpflege gerät somit in Vergessenheit bzw. wird verdrängt. Dieses Denk- und Verhaltensmuster rächt sich spätestens ab dem Zeitpunkt, wo die Auftragslage aufgrund einer Konjunkturabflachung zurückgeht. Eine systematische Kundenpflege wirkt jedoch nur mittel- und langfristig, kurzfristige Erfolge sind im Business-to-business-Bereich möglich, selten aber im Endverbrauchergeschäft.

Empfehlenswert ist es daher, trotz des Alltagsgeschäftes dem Trend zum Empfehlungsmarketing auf Basis von bestehenden und begeisterten Kunden einen strategischen Stellenwert einzuräumen. Das nachfolgende Marketing-Basiskonzept soll wertvolle Anregungen dazu geben.

Das Marketing-Basiskonzept für Handwerksbetriebe mit dem Ziel, das Empfehlungsmarketing systematisch zu pflegen

Bauen Sie für Ihren Handwerksbetrieb einen Fanclub auf aus Ihren bestehenden Kunden, die von Ihrer Leistung begeistert sind bzw. waren! Folgende Eckpfeiler sollte dieses Marketingkonzept beinhalten:

1. Überraschen Sie Ihre bestehenden Kunden zweimal pro Jahr mit einer Direktmarketing-Aussendung zu einem Zeitpunkt, an dem Ihr Kunde damit nicht rechnet. Diese antizyklische Vorgehensweise hat den Vorteil, dass die Aufmerksamkeit und auch der Erinnerungseffekt an Ihre Kundenpflegemaßnahme signifikant höher sind, als wenn Sie die Aussendung zu Weihnachten oder sonstigen Standardzeitpunkten machen.

2. Bieten Sie Ihren Stammkunden mit dieser Direktmarketing-Aussendung drei Nutzenarten. Erstens: Schreiben Sie sie persönlich mit einem netten Brief an. Die Anrede sollte auf keinen Fall mit „Sehr geehrte Damen und Herren!" oder „Lieber Geschäftspartner" erfolgen. Ihr bestehender und begeisterter Kunde erwartet sich die persönliche und individuelle Anrede.

   Zum Zweiten sollte das Schreiben unbedingt eine interessante Neuigkeit entweder über Ihren Handwerksbetrieb oder eine attraktive Innovation, die Sie neuerdings am Markt anbieten, beinhalten. Eine Neuigkeit, die den Handwerksbetrieb betrifft, könnte beispielsweise das 30-jährige Firmenjubiläum, eine Firmenvergrößerung oder eine neue Kooperation mit einem leistungsfähigen Industriebetrieb, der als Lieferant gewonnen werden konnte, sein.

Als sehr interessant wird von den bestehenden Kunden auch die Information von „ihrem Handwerksbetrieb“ empfunden, wenn dieser tolle und neue Referenzobjekte verwirklichen konnte. Das erzeugt das Gefühl von Stolz, auch von diesem Handwerksbetrieb die Leistung bezogen zu haben. Natürlich sind Innovationen bestens geeignet, den Attraktivitätsgrad Ihres Handwerksbetriebes zusätzlich zu erhöhen.

Gemeinsam schaffen wir Vorteile für uns alle.

Baumeister Anton Larcher, Austria-Bau, Innsbruck

Zum Dritten sollten Sie dieser Aussendung eine kleine Aufmerksamkeit beilegen, wie zB ein Säckchen Blumen- oder Kräutersamen, wenn das Direktmarketing im Frühling oder Herbst zum Versand gebracht wird. Ein Stück Schokolade oder ein Teesäckchen ist für die Herbst/Winter-Aussendung empfehlenswert, da die Schokolade beim Postversand in der kühleren Jahreszeit keinen Schaden nehmen kann. In Summe soll Ihr bestehender Kunde den Eindruck gewinnen, dass Sie als Handwerksunternehmen ihn wertschätzen und mit fantasiereichen Ideen überraschen.

3. Das diesbezügliche Budget für das Fanclub-Konzept ist für jeden Handwerksbetrieb finanzierbar. Im Durchschnitt haben Handwerksbetriebe unabhängig von der Branche 300 bis 1.000 Stammkunden. Für 300 Aussendungen, die zweimal pro Jahr erfolgen, ist ein Budget von etwa 2.500 bis 3.000 Euro notwendig, die Portokosten bereits eingerechnet.

Stellt man diese Werbeinvestition dem 35%igen Jahresumsatz des Handwerksbetriebes gegenüber, ist der Aufbau eines Fanclubs für das einzelne Unternehmen neben dem persönlichen Kontakt die beste und wirkungsvollste Marketingmaßnahme.

4. Toppen kann ein Handwerksbetrieb die Fanclub-Konzeption beispielsweise durch ein Event, das einmal im Jahr oder alle zwei Jahre im Unternehmen veranstaltet wird. Voraussetzung dafür ist ein attraktiver Anlass. Die Präsentation von Produkt- bzw. Dienstleistungsneuheiten, Rahmenbedingungen wie gutes Essen und Trinken, die authentisch zum Unternehmen passen sollen, haben dabei einen zusätzlich hohen Stellenwert.

   Auch Gutscheine für die Kunden, die das Event und damit den Handwerksbetrieb besuchen, die dann bei Inanspruchnahme einer Leistung eingelöst werden können, erhöhen zusätzlich die Kundenpflegewirkung.

5. Die Fanclub-Konzeption kann ihre Kraft jedoch nur dann entfalten, wenn sie disziplinvoll mindestens fünf Jahre umgesetzt wird.

Nachfolgend einige Kurzempfehlungen für das Direktmarketing.

Instrumente des Direktmarketings

	Richtig		Falsch
1	Fensterkuvert mit dem Logo Ihres Handwerksbetriebes	1	Kuvert mit Klebeetiketten ohne Logo Ihres Handwerksbetriebes
2	Brief mit persönlicher Anrede und richtiger Adresse inkl. PS und der Unterschrift des Unternehmers bzw. des Verkaufsberaters	2	Brief ohne persönlicher Anrede bzw. Tippfehler, mit fehlendem PS und mit zwei oder mehr Unterschriften
3	Folder, Flyer oder Scheckheft als Beilage. Hier sollen zusätzliche neue Inhalte über den Handwerksbetrieb vermittelt und Kaufanreize geboten werden.	3	Folder, Flyer oder Scheckheft fehlen
4	Stopper bzw. Überraschungspräsent, zB ein Teesäckchen oder ein kleines Stück Schokolade	4	Stopper bzw. Überraschungspräsent fehlen

Resümee

Nehmen Sie sich Zeit für den Aufbau eines Fanclubs für Ihren Handwerksbetrieb. Falls Sie es kapazitätsmäßig nicht schaffen, dann können Sie damit auch einen externen Dienstleister beauftragen. Dieser kann Ihnen zum einen die Konzeption entwickeln oder auch ein Fullservice anbieten, das bis zum Versand der jeweiligen Briefe bzw. Direktmarketing-Pakete reicht.

Nachfolgend ein Beispiel für einen innovativen Handwerksbetrieb, der eine besonders hohe Empfehlungsrate von begeisterten Kunden nachweisen kann.

Ein erfolgreicher Handwerksbetrieb mit Format, Soli fer Solardach GmbH, Freiberg/Sachsen, www.solifer.de

Nutzen statt Öko

Die Konkurrenz belächelte Timo Leukefeld zunächst, als er sich nach Gründung seiner Firma Soli fer komplett auf die Planung und Montage von Solarwärmeanlagen spezialisierte. Doch acht Jahre später hat der Unternehmer im sächsischen Freiberg das Lachen auf seiner Seite: „Das war eine gewinnbringende Entscheidung", freut sich der gelernte Schlosser.

Strategie:

Für die meisten Heizungsbauer sind Solaranlagen nur ein Nebengeschäft. „Weil man nur dann richtig qualifiziert ist, wenn man etwas mit Hingabe macht", setzte der 35-Jährige voll auf die Solarnische. Beflügelt wird sein Geschäftsmodell durch die aktuelle Marktentwicklung mit steigenden Preisen für Öl und Gas. Denn immer mehr Hausbesitzer wollen unabhängig von den Preissteigerungen sein.

Alleinstellung:

Die Soli fer Solardach GmbH im sächsischen Freiberg ergänzt Qualitätsarbeit durch Wertarbeit. „Der Kunde braucht nicht nur Zertifikate, sondern einen Nutzen", ist der Chef des 22-Mitarbeiter-Betriebes überzeugt. Die Verwendung von Solarenergie für Heizung und Warmwasseraufbereitung darf seiner Ansicht nach nicht nur als umweltfreundlich angepriesen werden. Vielmehr müssen sich die Anlagen innerhalb von zehn bis dreizehn Jahren rechnen. „Ist das nicht möglich, muss ich Kunden auch mal von einer Investition abraten." Für Innovation im Betrieb sorgt Leukefelds gemeinsame Forschungstätigkeit mit der Technischen Universität Freiberg. Seit seiner Betriebsgründung hat er schon 21 Diplomarbeiten in Auftrag gegeben.

Das gesunde Handwerk gewinnt enorm an Wichtigkeit in der Zukunft als Basis für die Bildung von KMUs zur Erbringung von hochwertigen Dienstleistungen am Menschen in der Wohlstandsgesellschaft.

Johannes Gschwandtner, Geschäftsführer der Technosert Electronic GmbH, Wartberg

Kommunikation:

Seine Pressetexte, egal ob für das Wochenblatt oder für die Financial Times Deutschland, lässt Leukefeld von einer Journalistin schreiben. Bei allen Kommunikationsmaßnahmen, sei es in Prospekten, im Internet, bei Mitarbeiterbesprechungen oder auch bei den zahlreichen Vorträgen, verzichtet er auf Fachchinesisch. Das hat ihm die Auszeichnung „Wir sprechen die Sprache unserer Kunden" des Vereins Deutscher Sprache eingebracht. Positiver Nebeneffekt: Was Leukefeld und seine Mitarbeiter leisten, verstehen auch die Kunden. Das senkt die Kaufhürden nachweislich. Die Mitarbeiter werden regelmäßig extern in Sachen Rhetorik oder Controlling geschult. Fachseminare finden nur noch intern statt. Denn schon einige Male war es vorgekommen, dass seine Leute zu viel wussten und bei externen Kursen Redeverbot bekamen.

Erfolgskontrolle:

Neben den üblichen Controllingkennzahlen, die Timo Leukefeld von seinem scherzhaft als Innenminister bezeichneten Prokuristen überwachen lässt, liegt das Hauptaugenmerk auf den Kunden. Nach jedem Auftrag wird die Kundenzufriedenheit abgefragt. Die 90-prozentige Weiterempfehlungsquote und den auf stolze 2,2 Millionen Euro angewachsenen Jahresumsatz führt der Unternehmer nicht nur auf gute Arbeit, sondern auch auf motivierte Mitarbeiter zurück. Sie können je nach Betriebsergebnis, Engagement und Stellung im Betrieb auf eine Erfolgsprämie zwischen 500 und 10.000 Euro im Jahr kommen.

Zukunftsthese 10: Der Trend zu Service-, Dienstleistungs- und Wartungsverträgen als neuer Wachstumspfad für das Handwerk

Tatsache ist, dass große und renommierte Firmen beispielsweise in der Computerbranche oder auch in der Kopierbranche bis zu 50 % des Jahresumsatzes durch Service- bzw. Wartungsverträge erwirtschaften. Ähnliche Werte können auch innovative Handwerksbetriebe erzielen. Dazu drei Beispiele:

Nimmt man Bezug auf den Trend zur Gesellschaft der 100-Jährigen – bedenken Sie bitte, in Deutschland und Österreich lebten 2005 bereits 56.000 Menschen, die älter als 100 Jahre waren – dann könnte beispielsweise ein Metzger oder Bäcker bei der 65-Plus-Generation in seiner Region eine additive Geschäftschance nutzen, die wie folgt skizziert werden kann:

Der Bäcker oder Metzger macht ein Dienstleistungsabkommen mit älteren Menschen in der Region, die in ihren eigenen vier Wänden leben, und stellt täglich das Frühstück plus Tageszeitung und zu Mittag bzw. am Abend das warme Essen zu. Ein ähnliches Service ist für Mitarbeiter in Klein- und Mittelbetrieben denkbar, die über keine Kantine verfügen. Zusätzliche Service- und Dienstleistungen könnten zB die Zustellung von Frischblumen für die 65-Plus-Generation oder die Medikamentenzustellung sein. Dadurch, dass der Bäcker oder Metzger aus der Region den Menschen, die bekanntlich sehr vorsichtig und zum Teil auch misstrauisch sind, bekannt ist, genießt dieser auch mehrheitlich das Vertrauen der älteren Generation. Bei konsequenter Umsetzung dieser Service- und Dienstleistungsidee ist für Kleinunternehmen ein durchaus lukratives und zusätzliches wirtschaftliches Standbein möglich.

Das zweite Beispiel betrifft die Haustechnik und das Service rund ums Haus. Ab 2010 wird es immer mehr Ein- und Zweifamilienhäuser geben, die sich durch eine hochinnovative Haustechnik auszeichnen. Serviceverträge von Installateuren oder Elektrikern mit den Hausbesitzern machen als zukunftsorientierte Dienstleistung immer mehr Sinn. Nachdem es ein signifikanter Trend ist, dass mehr als 50 % der Menschen ein Fullservice suchen, könnte ein innovatives Handwerkerservice auch auf andere Tätigkeitsbereiche wie zB Gartenpflege oder Haushaltsreinigung ausgeweitet werden. Wobei der Grundsatz empfehlenswert ist, der da heißt: Der jeweilige Handwerksbetrieb muss nicht alles selber machen, sondern kooperiert wiederum mit anderen Gewerken, zB mit Gärtnern, Malern, Elektrikern etc.

Die mobilen Dienstleistungen, die insbesondere im Zuhause der 65-Plus-Generation durch Handwerksbetriebe dezentral erledigt werden, werden sich einer wachsenden Nachfrage erfreuen. Stationäre Dienst- und Serviceleistungen, die es erforderlich machen, dass der Kunde sozusagen ins Geschäft kommen muss, werden signifikant hinter den Wachstumsraten der mobilen und dezentral agierenden Handwerkbetriebe zu liegen kommen.

Ein Beispiel dazu sind die mobilen Friseure, die eine Topauslastung haben, da sie sozusagen dem Kunden nicht nur räumlich und zeitlich entgegenkommen, sondern auch zusätzliche Nebenleistungen erbringen, wie die Mitnahme von Schönheits- und Kosmetikartikeln. Besonders kreative Friseure bieten den Kunden zuhause ein Rund-um-Schönheitspaket an, das neben der klassischen Friseurleistung, Nagelpflege, Hautpflege, Massage und Schminken umfasst. Auch hier gilt, dass diese additiven Leistungen gegebenenfalls von anderen Handwerksbetrieben bzw. Dienstleistern zugekauft werden können, damit der Friseur nicht alles selbst machen muss. Wichtig ist dabei, dass in der Praxis eine Provision mit den Unternehmen, die zugekauft werden, vereinbart wird. Der vermittelnde Handwerksbetrieb sollte pro Auftrag zwischen 10 und 15 % an Provision verdienen.

Für alle Service-, Dienstleistungs- und Wartungsverträge, die bei der 65-Plus-Generation gemacht werden, gilt, sich pro Besuch zusätzlich etwa fünf Minuten Zeit zu nehmen, um mit den Menschen zu sprechen. Gerade diese Zielgruppe, nämlich die 65-Plus-Generation, leidet signifikant unter Einsamkeit. Der Service- und Dienstleister sollte daher auch als sozialer Ansprechpartner mit den Charakteristiken Freundlichkeit, Höflichkeit, Respekt, Verständnisbereitschaft, Zuverlässigkeit sowie Vertrautheit zur Verfügung stehen.

Im Business-to-business-Bereich entfällt dieser Aufwand verständlicherweise mehrheitlich.

Zukunftsthese 11: Der Trend zu Kooperationen im Handwerk setzt sich fort!

Der Managementexperte Peter Drucker sagt zu Recht: „Auch das größte Unternehmen weltweit kommt heute ohne Kooperationen nicht mehr aus." Was für große Konzerne gilt, ist damit auch für Klein- und Mittelbetriebe bzw. für Handwerksbetriebe gültig.

Fakt ist, dass Erfolg und Misserfolg bei Kooperationen hautnah beisammen liegen. Nach einer Studie von McKinsey floppen 50 % der Kooperationen, 50 % sind hingegen erfolgreich. Drei wesentliche Gründe sind für den Misserfolg bei Kooperationen mehrheitlich verantwortlich:

1. Die Betriebs- bzw. Unternehmensgröße der kooperierenden Betrieben ist zu unterschiedlich. Kooperiert beispielsweise ein sehr großes Unternehmen mit einem mittleren oder kleinen, ist die Gefahr sehr groß, dass der kleinere Betrieb vom großen nahezu erdrückt wird bzw. sich in seinem beabsichtigten Leistungsvolumen zu wenig entfalten kann. Anders die Sichtweise der großen Betriebe. Die Erwartung, dass das kleine bzw. mittlere Unternehmen, mit dem kooperiert wird, einen Innovationsschub für das große Unternehmen bringt, stellt sich sehr oft als Fehleinschätzung heraus.

   Handwerksbetriebe, die im Durchschnitt sechs Mitarbeiter haben, können aus diesen Ergebnissen folgende Schlussfolgerung ableiten: Die Kompatibilität zwischen den Kooperationspartnern sollte eine statistische Spreizung des Faktors 10 nicht überschreiten. Das heißt, kooperiert ein Handwerksbetrieb mit sechs Mitarbeitern mit einem Handwerksbetrieb aus einer anderen Branche, sollte dieser maximal 60 Mitarbeiter haben. Nur so ist gewährleistet, dass im Sinne einer attraktiven Anreiz- und Beitragsbalance zwischen den beiden Kooperationspartnern die Zusammenarbeit kommerziell Freude macht bzw. funktioniert.

2. Der zweite Hauptgrund, warum Kooperationen floppen, ist, dass das Leistungsvolumen der beiden Geschäftspartner zu unterschiedlich ist. Plakativ ausgedrückt heißt das: Der eine Unternehmer erbringt eine Top-Leistung, während der andere weit hinter den Erwartungen zurückbleibt oder abwartend in der Loge sitzt.

3. Wenn die Unternehmenskultur der Kooperationspartner zu unterschiedlich ist, ist der Flop ebenso vorprogrammiert. Arbeiten beispielsweise zwei Unternehmungen zusammen, wovon das eine sich dadurch auszeichnet, dass es sehr flexibel ist und rasche Entscheidungswege hat, und das andere sehr unflexibel und bürokratisch ist, ist das Scheitern der Kooperation nur noch eine Frage der Zeit.

Eine mittel- und langfristig erfolgreiche Kooperation baut auf der Philosophie der dreidimensionalen Gewinnersituation auf. Gewinner Nummer eins muss der Kunde bzw. der Markt sein, der dadurch spürbare bzw. nachvollziehbare Vorteile erlebt. Gewinner Nummer zwei muss das eigene Unternehmen sein, das durch die Kooperation qualitative Vorteile wie Informations- und Wissensvorsprung bzw. Wertsteigerung erfährt. Essenziell notwendig sind die dazugehörigen quantitativen Vorteile wie Umsatz- und Gewinnsteigerung oder Marktanteilsgewinne bzw. Erschließung von neuen Märkten oder Kunden bzw. Zielgruppen. Gewinner Nummer drei muss der Kooperationspartner sein, für den natürlich das Gleiche gilt, wie für das eigene Unternehmen.

Handwerksbetriebe sollten die beschriebenen Regeln bzw. Gesetzmäßigkeiten nochmals auf den Prüfstand stellen, bevor sie in eine Kooperation bzw. in ein Netzwerk eintreten. Die nachfolgende

Kooperations-Plausibilitätsanalyse hilft bei der Fragestellung, ob eine Zusammenarbeit zwischen zwei Unternehmungen sinnvoll ist oder nicht.

Die Kooperations-Plausibilitätsanalyse vom Institut für Marketing und Trendanalysen

Hier wird die substanzielle Frage gestellt und auch beantwortet, ob die Kooperation bzw. das Netzwerk zwischen zwei Handwerksbetrieben bzw. zwischen zwei Unternehmen Sinn macht. Folgende Detailfragen sind daher zu stellen und zu beantworten:

1. Gewinnt der Kunde, der Markt durch die Kooperation zwischen den beiden Betrieben? ja ☐ nein ☐

2. Gewinnt das eigene Unternehmen durch die beabsichtigte bzw. bestehende Kooperation im Hinblick auf …

Umsatz	ja ☐	nein ☐
Gewinn	ja ☐	nein ☐
Image	ja ☐	nein ☐
Marktanteil	ja ☐	nein ☐
Informations- und Wissensvorsprung	ja ☐	nein ☐

3. Gewinnt das kooperierende Unternehmen durch die beabsichtigte oder bestehende Kooperation im Hinblick auf …

Umsatz	ja ☐	nein ☐
Gewinn	ja ☐	nein ☐
Image	ja ☐	nein ☐
Marktanteil	ja ☐	nein ☐
Informations- und Wissensvorsprung	ja ☐	nein ☐

4. Ist die Unternehmensgröße der beiden Kooperationspartner kompatibel?

   ja ☐ nein ☐

5. Harmoniert die Unternehmenskultur der beiden Kooperationspartner?

   ja ☐ nein ☐

6. Erbringen beide Kooperationspartner eine ähnlich gute Leistung, die beiden Geschäftspartnern am Markt ein zusätzliches Profil schafft?

   ja ☐ nein ☐

Nur wenn alle sechs gestellten Fragen von beiden Geschäftspartnern mit einem eindeutigen „Ja" beantwortet werden können, macht eine Kooperation Sinn und lässt eine hohe Erfolgswahrscheinlichkeit erwarten.

Nachfolgend ein spezieller Trend im Rahmen der Kooperation zum Zweitmarken-Netzwerk.

Der Trend zum Zweitmarketing-Netzwerk

Ein Verständnisbeispiel dazu: Der Diskonter Hofer aus Österreich – in Deutschland entspricht das dem Aldi – ist bereits zum drittgrößten Reisebüro in der Alpenrepublik aufgestiegen. Das Konzept dazu ist bestechend einfach und daher auch so wirkungsvoll. Hofer bietet 4- und 5-Stern-Urlaube in den attraktivsten Reisedestinationen zu einem zum Teil sensationell günstigen Preis-Leistungs-Verhältnis an. Den Einkauf der diesbezüglichen Reisen tätigt Hofer bei einem Unternehmen namens Eurotours, das ein 100%iges Tochterunternehmen vom Österreichischen Verkehrsbüro ist. Eurotours hat wesentlich mehr kommerzielle Bewegungsfreiheit, um dem Diskonter Hofer Top-Angebote zu machen, als die Mutter, das Österreichische Verkehrsbüro, jedoch ähnlich hohes Wissen und Erfahrung, sodass die Kunden, die über Hofer ihre Reise buchen, bestmöglich betreut werden.

Man nehme Funktionalität, Design und Innovation zu gleichen Teilen, verbinde sie mit Know-how zu einem Meisterstück und füge noch eine Prise Kundenbegeisterung hinzu.

Dr. Karin Thron, Frau in der Wirtschaft, Wien

Eine ähnliche Zweitmarken-Strategie setzt auch der ÖAMTC mit seiner Mastercard-Clubkarte um. Hier kooperiert das österreichische Pendant zum ADAC in Deutschland mit dem Tochterunternehmen Easybank, welche zu einer großen österreichischen Bank gehört. Der Vorteil für die Mitglieder des Autofahrerclubs ist, dass sie im ersten Jahr die Clubkarte mit Mastercard-Funktion kostenlos bekommen. In den Folgejahren ist ein Aufpreis von rund 9,90 Euro zu bezahlen, um die Clubkarte mit Kreditkartenfunktion beziehen zu können. Dies gilt jedoch nur für Mitglieder, die Endverbraucher sind, und nicht für Firmen.

Auch hier gilt, dass solch ein Top-Angebot kaum, wenn überhaupt, mit den sehr großen und bekannten Geldinstituten umsetzbar wäre, da diese ihre bestehenden Kunden irritieren würden bzw. Preisnachlässe für breite Zielgruppenschichten geben müssten, die kommerziell schmerzlich wären. Eine Durchführung solcher Aktivitäten über die Zweitmarke bzw. über ein Tochterunternehmen ist jedoch unbedenklich, zumal alle Beteiligten davon profitieren und kaum Irritationen, sondern eher die Erhöhung des Attraktivitätsgrades am Markt dadurch erreichen. Die Frage, die sich daher jeder Handwerksbetrieb auch stellen sollte, heißt im Wesentlichen: Gibt es Kooperationsmöglichkeiten mit Tochterunternehmungen von großen Konzernen, die sich durch mehr Flexibilität in vielen bzw. allen Marketinginstrumenten auszeichnen?

Fazit

Auch für Handwerksbetriebe kann es durchaus Sinn machen, mit Zweitmarken-Anbietern zusammenzuarbeiten. Insbesondere dann, wenn es gilt, außerordentlich attraktive Einkaufskonditionen zu erzielen.

Zukunftsthese 12: Die Folgen des Klimawandels schaffen neue Nachfragemärkte für das Handwerk

Es ist nicht mehr die Frage, ob es einen Klimawandel auf unserem Globus gibt, sondern welche Schäden zu welchen Werten dadurch entstehen und wie diese finanziert werden können. Fakt ist, dass Schäden, die durch Unwetterkatastrophen ausgelöst werden, relativ rasch wieder repariert werden müssen. Bei der Wiederaufbauarbeit spielt das Handwerk eine wesentliche Rolle. Neue Einnahmechancen eröffnen sich dadurch, wenngleich diese nicht planbar sind. Die nachfolgenden Ausführungen, die zum Teil auch für das Handwerk bzw. in ihrer Folgewirkung interpretiert wurden, dienen dazu, die Zusammenhänge besser nachvollziehbar zu machen. In einer Langzeitstudie der Münchner Rückversicherung wurden die Arten der Unwetterkatastrophen von 1980 bis 2005 untersucht und nach ihrem Schadensausmaß gerangreiht.

Die 10 zerstörerischsten Arten von Unwetterkatastrophen von 1980–2005

1. Stürme, Hurricanes und Tornados
2. Überschwemmungen
3. Erdbeben inkl. Tsunamis
4. Hitzewellen und Dürren
5. Sonstige Unwetterkatastrophen wie zB Blitzschlag
6. Waldbrände
7. Winterschäden
8. Hagel
9. Erdrutsche
10. Vulkanausbrüche

Allein im Jahr 2005 wurden durch Naturkatastrophen weltweit Gesamtschäden von über 210 Mrd. Dollar verursacht. Damit ging dieses Jahr als das bisher teuerste Unwetterkatastrophenjahr in die Geschichte ein. Die auszuzahlenden Schadenssummen durch die Versicherer erreichten 2005 einen Rekordwert in der Höhe von 94 Mrd. Dollar. Die bisherige Rekordbelastung für die Versicherungswirtschaft von 2004 verdoppelte sich im Jahr 2005.

Die größten Unwetterkatastrophenschäden richteten in den letzten Jahren Hurricanes und Stürme an. Letztere sind bzw. werden auch in Europa immer bedeutender. So zog beispielsweise der Wintersturm Erwin 2005 mit bis zu 120 km/h über Schottland und Südskandinavien bis nach Russland. In Norwegen war Erwin der stärkste Sturm seit mehr als 10 Jahren, in Schweden seit mehr als 30 Jahren. Auch der Sommer 2005 war in Mitteleuropa einer der von Gegensätzen geprägt war. Während Südeuropa unter immenser Trockenheit litt, hatten die Menschen im Alpenraum Wasser im Überfluss. Das gesamte nördliche Alpengebiet war von extremem Hochwasser betroffen. Das Tief Norbert, das sich am 20. August 2005 über Südfrankreich bildete, brachte nördlich des Alpenhauptkammes zum Teil verheerende Niederschlagsmengen. Teilweise fielen über 2 Meter Regen in 24 Stunden auf 1 m^2 und über 3 Meter innerhalb von 72 Stunden. Diese Niederschlagsmengen wurden an vielen Orten in diesem Gebiet noch nie zuvor gemessen. Die Überschwemmungen im Sommer 2005 übertrafen in der Schweiz alles bisher Erlebte. Kaum ein Gewässer, ob Wildbach, Fluss oder See, blieb in der Zentralschweiz in seinem Bett. Das Schadensvolumen betrug in der Schweiz über 2,1 Mrd. Dollar, im Alpenraum durch die Überschwemmungen im Sommer 2005 über 3,1 Mrd. Dollar. Besonders betroffen davon waren zusätzlich Vorarlberg, Tirol und Bayern.

Guaranteed To Keep You Dry
GORE-TEX® fabrics
IT'S A GREAT DAY
WENN DIE TEMPERATUR UNTER MINUS 20 GRAD SINKT, STEHT ALLES STILL. NICHTS BEWEGT SICH UND MAN HÖRT KEINEN LAUT. ES IST, ALS OB DIE WELT DEN ATEM ANHÄLT. ES IST WUNDERSCHÖN.
gore-tex.com
GORE-TEX®, GORE-TEX® GUARANTEED TO KEEP YOU DRY®, GORE® und Bildzeichen sind Marken von W.L. Gore & Associates.

Fakt ist, dass sich Starkniederschläge in den Bergen dramatischer auswirken als im Flachland. Ein Bergbach kann sich binnen weniger Minuten vom lieblich plätschernden Wasserlauf in einen reißenden Strom verwandeln. Hangrutschungen und Murenabgänge sind die Folge und zerstören mit ungeheurer Wucht bauliche Infrastrukturen bzw. Naturschönheiten. Gerade diese Schäden erlauben keinen Aufschub bei der Reparatur oder Wiederinstandsetzung. Das Handwerk wird immer öfter als lokale Einsatztruppe in Zusammenarbeit mit der Bauwirtschaft, den Feuerwehren, dem THW - Technischen Hilfswerk etc. in der Öffentlichkeit gesehen und auch so sukzessive einen höheren Stellenwert in der Region wie auch in der breiten Öffentlichkeit erhalten.

Mach dir nichts vor, die Dinge sind so, wie sie sind. Stelle dich der Realität.

Christian Klinger, Vorstand der IFN-Holding AG, Traun

Versicherungstechnisch betrachtet hinkt Europa Nordamerika bei Naturkatastrophen signifikant hinterher. Nordamerika hatte von 1980 bis 2005 insgesamt Schäden durch Naturkatastrophen in der Höhe von 880 Mrd. Dollar zu verzeichnen. Die versicherten Schäden beliefen sich im gleichen Zeitraum auf 320 Mrd. Dollar, das entspricht einem Abdeckungswert von rund 36,4 %. Europa hatte im gleichen Zeitraum ein Schadensvolumen durch Naturkatastrophen von 350 Mrd. Dollar zu verdauen, aber nur ein versichertes Schadensvolumen von 80 Mrd. Dollar. Dies entspricht einem Abdeckungswert durch die Versicherungswirtschaft von 22,9 %.

Ab 2010 wird in Europa folgende Refinanzierungsregel zur Behebung der Naturkatastrophenschäden gelten: Ein Drittel wird durch die Versicherungswirtschaft auf Basis gültiger Verträge bezahlt, das zweite

Drittel wird durch den Staat und dessen Katastrophenfonds bezahlt, das dritte Drittel müssen die Privaten selbst oder durch Spendengelder finanzieren. Bis 2015 ist zu erwarten, dass die kommenden Naturkatastrophen häufiger und intensiver werden. Das damit verbundene menschliche Leid kann weder durch Geld noch durch andere materielle Werte aufgehoben oder ungeschehen gemacht werden.

Finanzierbar sind die Schäden, die durch Naturkatastrophen verursacht werden, in Europa und Nordamerika allemal. Auf das Wirtschaftswachstum wirken sie sich mittel- und langfristig sogar positiv aus. So wird das BIP in den USA durch den verheerenden Hurrican, der New Orleans nahezu dem Erdboden gleichgemacht hat, 2006/2007 durch die Wiederaufbaumaßnahmen um etwa 0,5 % wachsen. Dass hier die Bauwirtschaft und das Handwerk die tragende und wesentliche Rolle spielen, ist leicht nachvollziehbar.

Zum Ausklang noch eine Übersicht über die 20 Regionen bzw. Megacities weltweit, die durch Naturgefahren am stärksten gefährdet sind.

Die 20 gefährdetsten Regionen bzw. Megacities durch Naturgefahren weltweit

Megacity bzw. Region	Land	Einwohner in Mio. Prognose 2015	Anteil am BIP in %	Naturgefahren
1. Tokio	Japan	36,2	40	Erdbeben, tropischer Sturm, Sturmflut, Gewitter, Hagel, Tornado
2. San Francisco Bay	USA	7,7	< 5	Erdbeben
3. Los Angeles	USA	17,6	< 10	Erdbeben, Überschwemmung, Gewitter, Hagel, Tornado
4. Osaka-Kobe-Kioto	Japan	13,2	20	Erdbeben, tropischer Sturm, Gewitter, Hagel, Tornado, Überschwemmung, Sturmflut
5. Miami	USA	4,5	< 5	Tropischer Sturm, Sturmflut, Gewitter, Hagel, Tornado
6. New York	USA	22,8	< 10	Tropischer Sturm, Wintersturm, Gewitter, Hagel, Tornado, Sturmflut
7. Hongkong	China	7,9	10	Tropischer Sturm, Erdbeben, Gewitter, Hagel, Tornado, Überschwemmung, Sturmflut
8. Manila-Quezon	Philippinen	16,8	30	Erdbeben, tropischer Sturm, Vulkanausbruch, Gewitter, Hagel, Tornado, Tsunami, Überschwemmung
9. London	Großbritannien	7,6	15	Wintersturm, Gewitter, Hagel, Tornado, Überschwemmung, Sturmflut
10. Paris	Frankreich	10,0	30	Wintersturm, Gewitter, Hagel, Tornado, Überschwemmung

Die 20 gefährdetsten Regionen bzw. Megacities durch Naturgefahren weltweit

Megacity bzw. Region	Land	Einwohner in Mio. Prognose 2015	Anteil am BIP in %	Naturgefahren
11. Chicago	USA	10,0	< 5	Wintersturm, Gewitter, Hagel, Tornado
12. Mexiko-Stadt	Mexiko	20,6	40	Erdbeben, Vulkanausbruch, Gewitter, Hagel, Tornado
13. Washington-Baltimore	USA	8,6	< 5	Wintersturm, Gewitter, Hagel, Tornado
14. Seoul-Inchon	Südkorea	24,7	50	Tropischer Sturm, Überschwemmung
15. Peking	China	11,1	< 5	Erdbeben, Gewitter, Hagel, Tornado
16. Ruhrgebiet	Deutschland	11,1	15	Wintersturm, Gewitter, Hagel, Tornado, Überschwemmung
17. Schanghai	China	12,7	< 10	Sturmflut, tropischer Sturm, Überschwemmung
18. Randstad	Niederlande	8,0	50	Wintersturm, Gewitter, Hagel, Tornado, Überschwemmung, Sturmflut
19. Moskau	Russische Föd.	10,9	20	Gewitter, Hagel, Tornado
20. Rhein-Main-Gebiet	Deutschland	2,7	< 10	Wintersturm, Gewitter, Hagel, Tornado, Überschwemmung

Kommentar

Fakt ist, dass von den 20 gefährdetsten Regionen bzw. Megacities, die es weltweit gibt, 25 % in Europa liegen. Zwei deutsche Regionen sowie London und Paris und eine weitere Region in Holland, die 50 % des BIP der Niederlande erwirtschaftet, werden in der Top-20-Liste weltweit geführt.

Die zunehmenden Sturm- und Hagelschäden in Deutschland, Österreich und Südtirol werden nicht nur die Landwirtschaft betreffen, sondern auch das Handwerk, das Dächer, Fassaden, Fenster etc. wieder in Stand setzen muss. Handwerksbedarf gibt es auch in zunehmendem Maße bei Unwetterschäden, die durch Überschwemmungen bzw. Erdrutsche verursacht werden. Hier ist die Bandbreite von Ersatzinvestitionen im Einrichtungsbereich, die durch Schreiner bzw. Tischler abzudecken sind, ebenso wichtig, wie Austrocknungsarbeiten der bestehenden und betroffenen Gebäude uvm.

In dieser Betrachtungsweise der Naturgefahren sind atomare Unfälle in AKWs nicht berücksichtigt. Fakt ist, dass renommierte Experten davon ausgehen, dass bei dem derzeitigen Bestand von AKWs im Durchschnitt alle 20 Jahre ein Super-GAU eintreffen wird. Rückblickend stimmt diese Formel im Wesentlichen. Vor 20 Jahren passierte der Super-GAU in Tschernobyl, vor 40 Jahren im amerikanischen Three-Miles-Island.

Statistisch gesehen ist somit der nächste atomare Super-GAU bereits überfällig. Es ist nur zu hoffen, dass dieser geografisch möglichst weit weg passiert und diese Todes-Technologie mit Megawirkungsradius endgültig zum Auslaufmodell macht.

Zukunftsthese 13: Der Trend zu Licht und Wärme im Unternehmensauftritt nach außen und innen

Diese Zukunftsthese stellt ein Naturgesetz dar, das aus der Relativitätstheorie von Albert Einstein ableitbar ist und für die Wirtschaft im Allgemeinen und für Handwerksbetriebe im Speziellen wertvolle und praxistaugliche Erkenntnisse eröffnet.

Nach Albert Einstein ist der Motor allen Lebens die Sonnenenergie. Unser Mutterplanet schenkt uns Energie in Form von Licht und Wärme, die die Sonne durch die Verschmelzung von Wasserstoffatomen erzeugt. Soweit die Physik.

Unternehmer, gleich ob es sich um große Konzerne, Klein- oder Mittelbetriebe handelt, können nur dann mittel- und langfristig erfolgreich sein, wenn sie ihren Kunden bzw. den Märkten, der interessierten Öffentlichkeit, aber auch ihren Mitarbeitern beides bieten, nämlich Licht und Wärme.

Wie gegen das Naturgesetz verstoßen wird und eine nachhaltige kontraproduktive Wirkung in der Wirtschaft erzeugt wird, zeigen zwei Beispiele aus der größten Volkswirtschaft der EU, aus Deutschland.

Das Top-Management der Allianzversicherung verkündete in einer Pressekonferenz, wie B-5-Aktuell, der bayerische Informationssender, berichtete, dass im letzten Geschäftsjahr die Allianz einen Rekordgewinn von über 4 Mrd. Euro erwirtschaftete. Das ist Licht für die Börse, für den Finanzbereich, für die Aktionäre sowie für die interessierte Öffentlichkeit inklusive Medien. Gleichzeitig wurde in der selben Pressekonferenz vom Vorstand mitgeteilt, dass rund 10.000 Mitarbeiter bei der Allianzversicherung abgebaut werden, wovon 5.000 Arbeitsplätze in Deutschland betroffen sein werden. Hier fehlt sozusagen die Wärme.

Eine Mitarbeiterin der Allianz hat es im B-5-Aktuell-Interview auf den Punkt gebracht. Zuerst braucht man die Belegschaft, um im Dienstleistungsbereich – zu dem die Versicherungswirtschaft nachweislich zählt – Rekordgewinne einzufahren. Wurden diese erzielt, beginnt man sozusagen als „Dank“ 10.000 Mitarbeiter abzubauen, um im Folgejahr einen noch höheren Gewinn durch Kostenreduktionen über den Titel Personalabbau realisieren zu können, da die vorhandenen Versicherungsverträge per EDV automatisiert abwickelbar sind.

Das Mittel Geld wird somit dem Menschen zum Zwecke einer aus den Ufern geratenen Kapitalvermehrungsgier einzelner Eigentümer und Top-Manager übergeordnet.

Stärken wir uns gegenseitig in den Tiefen des Alltags und freuen wir uns gemeinsam über die Höhen – in Wirklichkeit gibt es sehr viele davon.

Josef Thurnhofer, Direktor des ÖAMTC Oberösterreich

Diese Besorgnis erregende Entwicklung wird zu einer der großen gesellschaftlichen Herausforderungen in den reichen Industriestaaten innerhalb der EU werden, zumal sie zu einer gefährlichen Polarisierung mit sozialen Spannungsfeldern führt. Auch die Deutsche Bank agiert ähnlich wie die Allianz. Der Vorstand der Deutschen Bank verkündete, dass das Unternehmen 2005 den höchsten Gewinn, den das Geldinstitut jemals erwirtschaftet hatte, erzielte. Gleichzeitig wurde in derselben Pressekonferenz darauf hingewiesen, dass tausende Mitarbeiter abgebaut werden. Auch hier gilt Gleiches wie beim Allianz-Beispiel. Der Lichteffekt für die Börse und Aktionäre ist Faktum. Die Wärme hingegen fehlt.

Diese Management- und Führungsmuster ließen sich bei nicht wenigen großen Konzernen fortsetzen. Wenngleich gilt, dass viele Großkonzerne durch eine konsequente Innovationsstrategie sowohl Licht als auch Wärme für die Kunden, die Märkte und die Öffentlichkeit produzieren.

Zurück zum Handwerk. Fakt ist, dass die Mehrzahl der Handwerksbetriebe enorm viel Wärme an ihre Kunden und Märkte weitergibt. Dies deshalb, da sowohl der Unternehmer als auch seine Gattin, die mehrheitlich im Handwerksbetrieb mitarbeitet, sich außerordentlich intensiv um die einzelnen Kunden bemühen. Größter persönlicher Einsatz, die Erbringung einer Top-Handwerksqualität, ein flexibles Eingehen auf die individuellen Wünsche der Kunden und das familiäre Klima, das sehr viele Handwerksbetriebe versprühen, schaffen Wärme. Sowohl hin zu den Kunden als auch zu den Mitarbeitern.

Das Manko bei vielen Handwerksbetrieben und Klein- und Mittelunternehmen ist die fehlende oder zu kleine Lichtwirkung. Eine substanzielle unternehmerische Aufgabenstellung muss daher heißen: Wie kann der Handwerksbetrieb seine Lichtwirkungskraft in seiner Region erhöhen? Dazu folgende Anregungen bzw. Empfehlungen:

- Bringen Sie alle zwei Jahre in Ihrer Region eine Innovation auf den Markt, mit der Sie Ihre Kunden begeistern.
- Überraschen Sie Ihre Kunden zweimal pro Jahr positiv zu einem Zeitpunkt, wo Ihre Kunden es nicht erwarten. Idealerweise überraschen Sie sie einmal pro Jahr mit einem Direct Mailing, ein zweites Mal mit einem Anruf bzw. persönlichen Gespräch.
- Versuchen Sie, die Themenführerschaft nach dem Eisbergprinzip in Ihrer Region zu verwirklichen. Bekanntlich liegen 90 % des Eisbergs unter Wasser, nur 10 % der Spitze ragen aus der Meeres-

oberfläche empor. Diese Metapher ist auch für Ihren Handwerksbetrieb tauglich und heranziehbar. Die 10 %, die die Kunden von Ihrem Unternehmen wahrnehmen, ragen aus dem Mitbewerberumfeld heraus und sollen daher sehr interessante bzw. innovative Themen oder Produkte bzw. Serviceleistungen darstellen. Das hilft, Ihren Handwerksbetrieb in der Region zusätzlich zu profilieren.

- Handwerksbetriebe werden von der breiten Öffentlichkeit mehrheitlich als Familienunternehmen gesehen. Diese externe Sichtweise ist auch richtig. Daher können Handwerksbetriebe ihre Lichtwirkung insofern erhöhen, indem sie das familiäre Betriebsklima authentisch im Rahmen eines „Tages der offenen Tür", der einmal jährlich oder zumindest alle zwei Jahre stattfinden soll, präsentieren. Die Zielsetzung sollte sein, bestehende Kunden und potenzielle neue Kunden für dieses Fest am Standort des Handwerksbetriebes zu gewinnen und die Kontakte zu pflegen. Voraussetzungen dafür sind neben dem gemütlichen familiären Rahmen mit Essen und Trinken, Neuigkeiten bzw. innovative Produkte oder Dienstleistungen, die präsentiert werden.
- Durch eine konsequente und mittelfristig angelegte Inseratwerbelinie bzw. lokale Rundfunkwerbung, eventuell in Kooperation mit dem regionalen TV-Sender, kann die Lichtkraft des Handwerksbetriebes additiv erhöht werden. Nähere Informationen dazu finden Sie im Teil „20 goldene Marketingregeln für das Handwerk".

Zusammenfassend kann festgestellt werden, dass jeder Handwerksbetrieb unabhängig von seiner Unternehmensgröße seinen Kunden und Mitarbeitern beides weitergeben sollte, nämlich Licht und Wärme. Der zukunftsorientierte Handwerksbetrieb hat die beste Voraussetzung, beides heute und morgen zu vermitteln.

Zukunftsthese 14: Bieten Sie als Handwerksbetrieb Ihren Kunden einen Mix aus Spaß- und Sinnkomponente!

Der Trend zu mehr Spaß und dem „Feel-good-Faktor" bei der Nutzung von erbrachten Handwerksleistungen wird bis 2015 enorm an Bedeutung gewinnen.

Fakt ist, dass die Menschen von heute und morgen neben der Grundfunktion eines Produktes bzw. einer Dienstleistung oder eines Projektes, das sie zu Recht vom Handwerksbetrieb in Meisterqualität erwarten, auch Spaß und Unterhaltung geboten haben möchten. Dies gilt für die gesamte 35-Plus-Generation, der Kernzielgruppe für das Handwerk, aber insbesondere auch für die 65-Plus-Generation.

Erklärbar ist dieses Phänomen aus der Freud'schen Psychologietheorie, die die Regression von älteren Menschen als signifikantes Verhaltensmuster ausweisen konnte. Unter Regression versteht man eine Verhaltensweise der 65-Plus-Generation, die sich tendenziell immer kindähnlicher benimmt.

Der Großvater, der trotz schmerzendem Ischiasnerv zum Erstaunen der Tochter bzw. des Sohnes mit dem Enkerl unter dem Tisch herumkrabbelt, ist nur ein Beweis für das zunehmende kindähnliche Verhalten der 65-Plus-Generation. Für das Geschäft im Handwerksbetrieb bedeutet das, dass neben der 35-Plus-Generation auch die 65-Plus-Generation Spaß und präsentierbare Showeffekte von den Handwerksleistungen erwarten. Eine Wellnessoase zuhause mit farbig steuerbarem Lichterhimmel oder ein Schlafzimmer mit eingebauten Spaß- und Überraschungseffekten, die vom Tischler bzw. Schreiner persönlich entwickelt wurden, haben nicht nur Charme, sondern erzeugen bei der Kernzielgruppe eine zusätzliche Marktnachfrage.

Das Verhältnis zwischen technischer Funktion und Spaßkomponente sollte bei einer trendorientierten Handwerksleistung im Durchschnitt bei 70 % zu 30 % liegen. Oder anders gesagt: Ein zu 100 % technisch funktionierendes Objekt, das vom Handwerksbetrieb erzeugt wurde, ist zwar löblich, aber nicht mehr zeitgemäß. Spaß und Unterhaltungseffekte müssen mehr denn je vorgesehen werden. Dies gilt nicht nur für das Marketing im Endverbraucherbereich, sondern auch tendenziell für den Business-to-business-Bereich.

Zukunftsthese 15: Der Trend zum Energiepass bzw. Energieausweis fördert die Bauwirtschaft und das Handwerk nachhaltig!

Bekanntlich kann der Gesetzgeber die Geschäftsentwicklung in bestimmten Branchen erschweren, im Extremfall sogar verbieten bzw. auch fördern. Denken Sie bitte nur an die Erschwernisse, die derzeit die Tabakbranche durch Gesetzgebungsmaßnahmen innerhalb der Europäischen Union und der USA erlebt. Rauchverbote, Warnetiketten, die auf den Verpackungen zwingend anzubringen sind, oder breitangelegte Werbeverbote sind nur drei Beispiele dafür, wie eine Regierung eine Branche unter Druck setzen kann.

Im Gegensatz dazu können durch den Gesetzgeber aber auch Rahmenbedingungen geschaffen werden, die der Geschäftsentwicklung in anderen Branchen durchaus sehr förderlich sind. Die Einführung des Energiepasses bzw. Energieausweises ist eine solche und verhilft der Bauwirtschaft und den damit angeschlossenen Handwerksbetrieben zu neuen Wachstumspfaden. Die Zielsetzung dieser sehr weisen und zukunftsorientierten Maßnahme der Regierungen ist, im Bereich der Renovierung und Sanierung sowie beim Neubau von Gebäuden

die Energieeffizienz der Objekte zu steigern. Folgende vier Bereiche werden dabei technisch besonders unter die Lupe genommen:

- Die Gebäudehülle mit ihren jeweiligen Energieeffizienzwerten.
- Fenster und deren Energiesparqualität werden im Rahmen der Gebäudehülle gesondert untersucht und bewertet.
- Die Decke und das Dach werden ebenso speziell auf die jeweilige Energieffizienz geprüft.
- Zuletzt werden noch die Haustechnik sowie die Art der Energieversorgung auf den Prüfstand gestellt.

Man kann täglich neue Strategien verkünden, man kann die Rute ins Fenster stellen, man kann nur mit Kennzahlen operieren, man kann Mitarbeiter schlecht entlohnen, man kann das Arbeitsklima vernachlässigen, man darf nur eines nicht: Meinen, dass man ohne wertschätzende Führung auf Dauer wertvolle Mitarbeiter für den Wettbewerb halten kann!

Dr. Karl Straßer, Leiter Personalausbildung in der Energie AG OÖ
Managementtrainer & Coach, Linz

Aufgrund dieser vier Parameter, die im Energiepass bewertet und auch schriftlich dokumentiert werden, werden zum einen Verbesserungsvorschläge empfohlen, mit denen die Energieeffizienz des vorhandenen Gebäudes gesteigert werden kann. Ähnliches gilt für den Neubau, wo vorgegebene Normen erfüllt werden müssen. Zum anderen gibt es für Gebäude, die unter der Empfehlungsnorm im Bereich der Energieeffizienz zu liegen kommen, bis zu 30%ige Preisabschläge, die auch im Energiepass im weitesten Sinn empfohlen werden. Voraussichtlich ab 2009/2010 kann eine Immobilie nur mehr bei Vorlage eines speziellen Energiepasses veräußert werden. Energietechnische Top-Gebäude, die laut Energieausweis als solche zu bezeichnen sind, können im Falle eines Verkaufs der Immobilie um bis zu 30 % höhere Erlöse am Markt erwirtschaften.

Dass durch die Einführung des Energiepasses bzw. Energieausweises das Handwerk in der Bauwirtschaft bis 2015 von der Haustechnik beginnend bis zum Fenstertausch stark wachsende Märkte vorfinden wird, ist leicht nachvollziehbar. Nachdem zu Redaktionsschluss dieses Buches der Gesetzgeber die letztgültigen Vorschriften noch nicht beschlossen hat, wird das Institut für Marketing und Trendanalysen zum adäquaten Zeitpunkt einen exklusiven Zukunftsreport zum Themenkreis Energiepass bzw. -ausweis in Deutschland und Österreich erstellen. Nähere Informationen können Sie unter imt@imt.co.at betreffend Energiepass anfragen.

nora® Bodenbeläge aus Kautschuk – weltweit führend
Überzeugende Funktionalität
Faszinierendes Design
PVC-frei
norament® und noraplan® Kautschuk-Bodenbeläge von Freudenberg setzen seit Jahrzehnten Maßstäbe in der Objektausstattung von Kliniken, Schulen, Kindergärten, Flughäfen, Büros, Shops, Fitnessbereichen, Industriebetrieben und Wohnbauten. Ihre Vorteile überzeugen dabei in Bezug auf Ästhetik und Nutzung gleichermaßen:
Dekorativ
Zahlreiche Designs, Oberflächen und breites Farbpektrum
Strapazierfähig
Hohe Verschleißfestigkeit und extrem lange Lebensdauer
Umweltverträglich
Frei von PVC, Weichmachern (Phthalate) und Halogenen (z. B. Chlor)
Freudenberg Bausysteme
Vertretung Österreich/Ungarn
Rablstraße 30/1
A-4600 Wels
Tel.: 072 42-74 00 10
Fax: 072 42-74 00 3
infoat@freudenberg.com
www.nora-freudenberg.at
nora®
Freudenberg

20 goldene Marketingregeln für das Handwerk

Goldene Marketingregel Nummer 1:

Verinnerlichen Sie die Philosophie des Marketings in Ihrem Handwerksbetrieb!

Vorab dazu eine kurze, aber sehr substanzielle Definition für Ihren Handwerksbetrieb. Marketing bedeutet, die Bedürfnisse Ihrer Kunden optimal zu befriedigen, sie mit Ihrer Handwerksleistung zu begeistern und gleichzeitig Gewinn für Ihren Betrieb zu erwirtschaften!

Neben der starken Kunden- und Marktorientierung ist die Erwirtschaftung eines Gewinns für Ihren Betrieb ein klares Bekenntnis in einer marketingorientierten Unternehmensführung. Nur mit einer nachhaltigen Gewinnerzielung kann ein Unternehmen die notwendigen Investitionen aus eigener Kraft erwirtschaften und auch das notwendige Eigenkapital aufbauen.

Eine weitere Spitze der Philosophie des Marketings ist am besten durch die vier M's zu beschreiben:

Man

Muss

Menschen

Mögen

All jene Mitarbeiter und Unternehmer, die schon einen hohen Selbstmotivationsgrad benötigen, um mit betriebsfremden Menschen zusammentreffen oder sich mit individuellen Kundenwünschen beschäftigen zu können, sollten lieber entweder in die Administration oder ins Kloster wechseln. Im Marketing sind solche Menschentypen fehl am Platz, wenngleich es keine schlechten Mitarbeiter gibt, sondern nur falsch eingesetzte.

Die Philosophie des Marketings sollten im Idealfall alle Mitarbeiter verinnerlicht haben, dies ist nicht nur Chefsache. Daher muss das Marketing-Gedankengut vom Unternehmer über den Meister, Facharbeiter, Buchhalter, die Hilfskräfte bis zu den Lehrlingen mit Überzeugung gelebt werden.

Folgende Tugenden werden in Zukunft bei einer marketingorientierten Unternehmensführung an Bedeutung gewinnen:

- Freundlichkeit und Höflichkeit
- Die Bereitschaft, auf individuelle Kundenwünsche einzugehen
- Sauberkeit und Reinlichkeit sowohl beim Mitarbeiter als auch vor Ort beim Kunden
- Ein Meister in der Fragetechnik zu sein, um Kundenwünsche genauer identifizieren zu können
- Kompetente Argumente für die Handwerksleistung zu transportieren
- Die nutzen- und vorteilsorientierte Argumentation für den Kunden vor Ort
- Zuverlässigkeit, Pünktlichkeit und vertrauensbildende Verhaltensweisen runden die erfolgsnotwendigen Tugenden in der Zukunft ab

In Summe kann somit die Philosophie eines marketingorientierten Handwerksbetriebes im Wesentlichen auf drei Säulen konzentriert werden:

- Die Kunden- und Marktorientierung ist die Hauptsäule im Rahmen der Unternehmensführung.
- Die disziplinvolle Umsetzung und die Hartnäckigkeit, den kundenorientierten Marktauftritt des Handwerksbetriebes zu pflegen, stellen die zweite Säule dar.

- Das Ziel, Gewinn erwirtschaften zu wollen und diesen auch auf Basis von begeisterten Kunden realisieren zu können, ist ein notwendiges Muss im Marketing.

If you can't dream it, you can't do it! – Vorstellungen bestimmen unser Verhalten.

Heinz Durstberger, Mitglied des Vorstandes der Trierenberg Holding AG, Linz-Traun

Stellen Sie sich daher als Unternehmer und auch Ihren Mitarbeitern in diesem Zusammenhang bitte zwei Fragen:

Frage 1:

Mit was und wie hat Ihr Handwerksbetrieb Ihre Kunden in den letzten 12 Monaten begeistert, und haben Sie dabei auch einen dementsprechend erfreulichen Gewinn erwirtschaftet?

Frage 2:

Diese ist in die Zukunft gerichtet und damit noch bedeutender als die erste Frage.

Mit was und wie wollen Sie und Ihre Mitarbeiter mit Ihrem Handwerksbetrieb in den nächsten 12 Monaten Ihre Kunden begeistern und einen erfreulichen Gewinn zusätzlich erzielen?

Bedenken Sie bitte, dass ein Charakteristikum von sehr erfolgreichen Unternehmern und Führungskräften der gezielte Einsatz der Fragetechnik im Umgang mit den Mitarbeitern sowie mit den Kunden ist.

Bekanntlich hat die Fragetechnik den großen Vorteil gegenüber der Behauptungstechnik, dass sie kaum oder überhaupt nicht verletzlich wirkt, jedoch die Gedankenwelt Ihrer Mitarbeiter positiv anregt. Frei nach dem Motto: „Wer fragt, der führt!"

Goldene Marketingregel Nummer 2:

Definieren Sie eine Vision mit Sinnstiftung für Ihren Handwerksbetrieb!

Unter Vision versteht man ein Fernziel mit Leuchtkraft, das die Energie des Unternehmens sowohl materiell als auch immateriell zur Erreichung der Vision bündeln soll. Ein Beispiel ist zB Martin Luther King, der mit seinem Leitsatz „I have a dream“ die Vision einer freien und auf Gleichheit beruhenden Gesellschaft hatte. Diese Persönlichkeit schaffte in verhältnismäßig kurzer Zeit eine relative Gleichstellung der schwarzen Bevölkerung mit der weißen in den USA in den 50er- und 60er-Jahren.

Die NASA hatte die Vision, dass in den 60er-Jahren die erste Rakete auf dem Mond landen soll und dass die ersten Menschen auf diesem Trabanten spazieren gehen können.

Herr Mateschitz hatte die Vision, den weltweit ersten Energydrink erfolgreich auf dem Markt zu etablieren, was ihm bei einem Verkauf von 1,9 Milliarden Dosen, einem Umsatz von 2,1 Mrd. Euro und einem Gewinn von 210 Mio. Euro 2005 auch nachweislich gelungen ist.

So wie diese drei Beispiele zeigen, kann und braucht jedes Unternehmen, das langfristig erfolgreich geführt werden will, eine Vision. Diese ist jedoch mit einer Sinnstiftung zu kombinieren. Die Sinnkomponente wird auch Bezug nehmend auf die Zukunftsthese, die die globale Welt zum Dorf werden lässt, von enormer Bedeutung werden. Nur eine Vision mit Sinnstiftung kann das Fernziel mit höchster Strahl- und Scheinwerferkraft ausstatten und ist gleichermaßen das Geheimnis eines sehr erfolgreich geführten Unternehmens.

So kann beispielsweise ein Installateurbetrieb die Vision haben, in seiner Region die Nummer 1 im Bereich der erneuerbaren Energien

zu werden. Das Fernziel könnte heißen, in zehn Jahren bei Neubauten und auch bei der Renovierung und Sanierung ausschließlich Heiz- und Kühlsysteme zu installieren, die zu 100 % mit erneuerbarer Energie betrieben werden. Öl- und Gasheizungen verkauft dieser Betrieb in zehn Jahren prinzipiell nicht mehr. Damit wäre auch eine Sinnstiftung und eine Philosophie des Unternehmens am Markt klar erkennbar.

Ein Bauunternehmer könnte beispielsweise die Vision mit Sinnstiftung haben, in zehn Jahren ausschließlich Plusenergiehäuser zu errichten. Hier handelt es sich um eine neue Generation von Ein- und

Zweifamilienhäusern, die mehr Energie über einen innovativen Energiemix produzieren, als sie selbst verbrauchen können.

Beide hier beschriebenen Betriebe können durch ihre spezielle Vision den unangenehmen Folgen des Klimawandels positiv entgegenwirken und sind durch die Kombination mit einer Sinnstiftung auch absolut trendy.

Hinterfragen Sie als Unternehmer, welche Vision mit Sinnstiftung Ihr Handwerksbetrieb heute hat, bzw. welche Visionen Sie mit Ihrem Handwerksbetrieb in den nächsten Jahren Ihren Kunden und dem Markt vermitteln können oder möchten?

Ein erfolgreicher Handwerksbetrieb mit Format, Bäckerei & Konditorei Jochen Baier in Herrenberg, www.baecker-baier.de

Mit neuer Technik zurück in die Zukunft

„Natürlich war es ein Kraftakt", gibt Jochen Baier im Rückblick auf die Übernahme des väterlichen Betriebes vor drei Jahren zu. Das Unternehmen lebte von der Substanz. Als schließlich der große Backofen den Geist aufgab, sprach nichts dafür, den Betrieb weiterzuführen. Doch der Bäcker- und Konditormeister fühlte sich Familie und Mitarbeitern gegenüber verpflichtet. Die Hausbank ermöglichte mit Fördermitteln eine solide Finanzierung und ein Coach stand dem Jungunternehmer zu Seite.

Innovation:

Das neue Konzept der Bäckerei Baier fußt auf dem Motto: „Damit Sie wissen, was Sie essen". Allergiker Jochen Baier stellte seine

Produktion komplett auf reine Rohstoffe um und wurde Demeter-Vertragspartner. Die zusätzliche Zeit, die er seinen Teigen zum Reifen gewährt, macht er mit dem Einsatz modernster Technik wett. Den Teig verarbeiten computergesteuerte Knetmaschinen, ein aus Japan stammender Teigteiler wiegt und portioniert gleichzeitig.

Marketing:

Wie beliebt die in der Altstadt von Herrenberg bei Stuttgart gelegene Bäckerei ist, zeigt sich beispielsweise darin, dass sich ein Kind im Fasching sogar als Bäcker Baier verkleidet hat. Kein Wunder, denn schon die Kleinsten erfahren in Baiers Kursen, wie der Knoten in die Brezel kommt. Aktionen oder Auszeichnungen sorgen dafür, dass er mindestens alle drei Monate in die Presse kommt. Wenn er dabei auch nur, wie er bescheiden sagt, eine Kaffeetafel für Bundespräsident Horst Köhler ausrichtet oder in der Filmproduktion „Mein süßes Geheimnis" mitwirkt, in der er die Hände des Schauspielers Friedrich von Thun doubelt.

Erfolg:

Sowohl in der Backstube als auch im Verkaufsraum setzt Baier auf modernste Technik. Sein Kassensystem versorgt ihn mit den wichtigsten Kennzahlen. Es erfasst die Leistung der Mitarbeiter, den Umsatz pro Kunde und druckt auf Wunsch die Inhaltsstoffe der Waren aus. 70 Prozent seines Umsatzes macht er bereits mit Produkten in Demeter-Qualität. Pro Jahr konnte er seinen Umsatz auf bestehender Fläche um acht Prozent steigern, eine konstante Erhöhung des Umsatzes auf inzwischen 1,1 Millionen Euro.

Zukunft:

Sein Wissen und seine Ideen schöpft Baier aus seiner Wanderschaft, die ihn bis nach Japan führte. Sein Wissensdurst ist nach wie vor so groß, dass er sich mit anderen Biobäckern austauscht, sich coachen lässt und seine Mitarbeiter weiterbildet.

Den Betrieb hat Jochen Baier 2003 übernommen, heute beschäftigt er 26 Mitarbeiter.

Goldene Marketingregel Nummer 3:

Vereinbaren Sie klare Ziele, die sportiv, aber auch erreichbar sind!

Wirtschaftlich betrachtet wird zwischen quantitativen und qualitativen Zielen unterschieden.

Quantitative Ziele definieren den angestrebten Umsatz in Euro, die zu realisierenden Absatzziffern in Stück bzw. Tonnage, den beabsichtigten Deckungsbeitrag inklusive Gewinn, die zu erreichenden Kostenziele etc. All das sind wesentliche und substanzielle Zielformulierungen.

Bei zunehmenden globalisierten Märkten wird es eine Herausforderung sein, wirtschaftliche und ethische Prinzipien zu vereinen.

Ewald Marschallinger MBA, Geschäftsführer der Glutz GmbH, Gutau

Weitere quantitative Ziele sind Beschaffungs- und Finanzierungsziele sowie die Hebung des Auslastungsgrades des Betriebes. Im Dienstleistungs- und Handelsbereich werden sehr oft auch das Ziel der Kundenfrequenzsteigerung sowie der Umsatz pro Kunde bzw. Umsatz und Deckungsbeitrag pro Auftrag besonders betrachtet.

Bezug nehmend auf den Trend zur Verknappung der Rohstoffe sollte jeder Handwerksbetrieb einen neuen Schwerpunkt auf die Einkaufsfunktion mit dem Ziel legen, dass die Produkt- und Rohstoffversorgung zukünftig bestmöglich gewährleistet ist.

Gleichzeitig sollten aufgrund der zum Teil explodierenden Rohstoff- und Energiepreise günstige Einkaufspreise vertraglich abgesichert werden. Sicher ist, dass der Einkauf und die Beschaffung für Handwerksbetriebe in den nächsten 15 Jahren eine zentrale Rolle spielen werden.

Der größte Engpassfaktor für erfolgsorientierte Handwerksbetriebe werden die knappen und teuren Rohstoffe bzw. ein professioneller Einkauf werden. Wie auch in den Zukunftsthesen bereits dargestellt, wird jedem Handwerksbetrieb dringend empfohlen, die jeweiligen Preiserhöhungen auf keinen Fall kalkulationsmäßig firmenintern abzufedern. Dies würde fatale Auswirkungen auf die Deckungsbeitrags- und Gewinnentwicklung haben. Die eindeutige Empfehlung heißt daher, auch Bezug nehmend auf die quantitative Zieldefinition, dass Preissteigerungen im Einkauf direkt an den Markt weitergegeben werden müssen. Im Idealfall sollte das Unternehmen durch eine kluge Kalkulation noch additiv die eine oder andere Deckungsbeitragssteigerung realisieren können.

Im Bereich der qualitativen Ziele sollte der Handwerksbetrieb folgende Schwerpunkte in das Zentrum seiner Überlegungen stellen:

- Der Bekanntheitsgrad in der Region soll zur Nummer 1 in der jeweiligen Branche heranwachsen bzw. falls der Handwerksbetrieb bereits die Nummer 1 im Bekanntheitsgrad ist, soll dieser weiter gepflegt werden.
- Der Sympathiewert des Unternehmens sollte weiter erhöht bzw. ausgebaut werden.
- Das Unternehmen sollte sich als ökologisch orientierter Betrieb positionieren. Dieser Stellenwert wird durch die Folgen des

Klimawandels, die immer schmerzlicher und brutaler werden, in den nächsten zehn Jahren weiter an Bedeutung gewinnen.

- Einen weiteren Eckpfeiler in der qualitativen Zielsetzung sollte der Handwerksbetrieb insofern haben, als er sich als traditioneller und innovativer Unternehmer in der Region gleichermaßen positioniert. Moderne und Tradition schließen sich nicht aus, sondern können sich hervorragend ergänzen!

Menschen, die wissen, was sie wollen, wissen mit Sicherheit, was sie nicht wollen.

Christian Hehenberger, Geschäftsführer und wissenschaftlicher Leiter der Institut für Marketing und Trendanalysen GmbH, Gutau/OÖ

Die Hauptaufgabe aus dem Mix von Marketingphilosophie, Vision mit Sinnstiftung und den qualitativen und quantitativen Zielen muss sein, dass der Handwerksbetrieb dadurch eine exzellente und tragfähige Ausrichtung inklusive der notwendigen Weichenstellungen erfährt. So können die menschlichen wie auch die materiellen Ressourcen optimal gebündelt werden bei gleichzeitiger Minimierung von Energie- und Streuverlusten im Unternehmen.

In der Organisationsliteratur gibt es das provokante humoristische Zitat, das da heißt: „In unserem Unternehmen wissen wir zwar nicht, in welche Richtung wir rudern sollen, aber wichtig ist, dass wir die Geschwindigkeit verdoppeln." Um dies zu vermeiden, sind klar definierte Ziele inklusive Bündelung der wesentlichen Unternehmensressourcen unabdingbar notwendig.

Goldene Marketingregel Nummer 4:

Stellen Sie sich die Frage, in welchem Markt Sie mit Ihrem Handwerksbetrieb tätig sind!

Eine der substanziellen Fragen für jeden Unternehmer und für jede Führungskraft heißt: In welchem Markt ist der jeweilige Handwerksbetrieb tätig?

Meister in der Einschätzung, in welchen Märkten sich ein Unternehmen bewegt, sind niederländische Geschäftspartner. Sie stellen in der Regel bei einem ersten Geschäftstreffen drei Fragen, um so einen sehr kompakten Überblick von ihrem Geschäftspartner und seinem Unternehmen zu erhalten. Die drei Fragen heißen wie folgt:

Frage 1 des Niederländers lautet: In welchem Markt ist Ihr Unternehmen derzeit tätig? Wächst der Markt oder stagniert er bzw. entwickelt sich der Markt rückläufig?

Frage 2 des Niederländers heißt: Glauben Sie, wird der Markt, in dem Ihr Unternehmen tätig ist, in den nächsten drei Jahren wachsen, stagnieren oder wird er tendenziell rückläufig sein?

Frage 3 des niederländischen Geschäftspartners lautet: Welchen Marktanteil hat Ihr Unternehmen? Sind Sie in der Region die Nummer 1 oder Nummer 2 oder laufen Sie mit der Masse der Anbieter mit?

Durch die Beantwortung aller drei Fragen weiß der niederländische Geschäftspartner sehr gut, wie es um die Grundvoraussetzungen, die der Markt dem Unternehmen bietet, aussieht und wie das Unternehmen aufgestellt ist.

Marketingtechnisch sollte sich daher jeder Handwerksbetrieb die Frage stellen: In welchem Markt ist das Unternehmen tätig? Boomt der Markt? Wächst der Markt? Stagniert der Markt? Oder entwickelt er sich rückläufig?

Nachfolgend dazu finden Sie eine Definition aus der Marketingtheorie, die für die Praxis sehr wertvoll ist.

Vier verschiedene Markttypen, die für Handwerksbetriebe von Bedeutung sind

Markttypen	Definition, Eigenschaften & Charakteristik
Stark wachsende Märkte bzw. Regionen	Ein stark wachsender Markt bzw. eine stark wachsende Region liegt vor, wenn dieser gegenüber Vorjahr um 10 % oder mehr zunimmt. Hier ist es für den HW-Betrieb relativ leicht, Umsätze und Deckungsbeiträge zu steigern. Die kritische Masse ist, dass die starke Nachfrage der Kunden kaum befriedigt werden kann, Wartezeiten und Unzufriedenheit der Kunden sind oftmals die Folge.
Wachsende Märkte bzw. Regionen	Dieser Markttyp ist dann gegeben, wenn das jährliche Wachstum zwischen plus 1 % und plus 9 % beträgt. Solch eine Markt- bzw. Regionsentwicklung ist die angenehmste für den Handwerksbetrieb. Die Nachfrage und das Geschäft laufen sozusagen „automatisch" auf einen Wachstumspfad.
Stagnierende Märkte bzw. Regionen	Eine stagnierende Markt- bzw. Regionsentwicklung liegt dann vor, wenn die Veränderung gegenüber Vorjahr plus/minus 0 % beträgt. Der HW-Betrieb kann nur dann Wachstum erzielen, wenn er dem Mitbewerb Umsätze bzw. Aufträge wegnimmt. Um in diesem Verdrängungswettbewerb erfolgreich zu sein, muss der HW-Betrieb besser und schneller sein als die anderen.
Rückläufige Märkte bzw. Regionen	Dieser Markttyp oder diese Regionsentwicklung liegt dann vor, wenn gegenüber Vorjahr sich die gesamte Nachfrage um minus 1 % oder mehr nach unten bewegt. Will ein HW-Betrieb in einem rückläufigen Markt Wachstum erwirtschaften, ist das mit Abstand die schwierigste Aufgabe. Die strategische Frage kann daher heißen: Soll man sich aus diesem Markt zurückziehen bzw. bestmöglich abschöpfen und neue Märkte, Regionen gezielt aufsuchen.

Der Markt kann hier vom Handwerksbetrieb mehrfach betrachtet und interpretiert werden. Zum einen ist die Frage legitim, ob die Nachfrage des Marktes im laufenden Geschäftsjahr und in den drei darauffolgenden Geschäftsjahren Bezug nehmend auf die wichtigsten Produkt- und Dienstleistungsangebote steigen, stabil oder rückläufig sein wird.

Eine ähnliche Fragestellung kann natürlich auch auf die Zielgruppen projiziert werden. Gleiches gilt für die Region, in der der Handwerksbetrieb tätig ist. Bekanntlich gibt es signifikante Unterschiede bei Zu- und Abwanderungen oder der Kaufkraft in den einzelnen Regionen. So ist eine substanzielle Frage unter anderem auch die, ob Bezug nehmend auf den Firmensitz des Handwerksbetriebes die vorhandene Region heute und in Zukunft boomen, wachsen oder stabil bleiben wird oder sich rückläufig entwickeln wird.

Fazit

Will ein Handwerksbetrieb im Szenario 1 mit Standardprodukten bzw. Dienstleistungen in einem rückläufigen Markt sein Geschäft machen bzw. Zuwachsraten erzielen, ist dies eine der schwierigsten unternehmerischen Aufgaben. Würde ein Handwerksbetrieb im Szenario 2 innovative Produkte und Dienstleistungen, die in einem wachsenden regionalen Markt stark nachgefragt werden, anbieten, stehen die Zeichen für eine freundliche Geschäftsentwicklung auf sehr positiv. Die Empfehlung ist, als Unternehmer die Marktsituation und die Marktentwicklung realistisch einzuschätzen. Die substanzielle Frage heißt: Ist Ihr Handwerksbetrieb in einem wachsenden, stagnierenden oder rückläufigen Markt tätig?

Goldene Marketingregel Nummer 5:

Entwickeln Sie ein Marketing-Röntgenbild von Ihrem Handwerksbetrieb!

Gestatten Sie in diesem Zusammenhang ein Analogiebeispiel aus der Medizin. Eine Therapie kann nur dann erfolgreich sein, wenn die Diagnose richtig erstellt wurde. Bezug nehmend auf diese Erkenntnis kann man sagen: Ein Unternehmen – ohne dass man jetzt unterstellen möchte, dass dieses krank ist – kann nur dann erfolgreich geführt werden, wenn auch die Ist-Situation klar erfasst wurde. Denn nur so können Verbesserungsmöglichkeiten erkannt und umgesetzt werden. Zu diesem Zweck sollte jeder Handwerksbetrieb ein kurzes und sehr aussagekräftiges Marketing-Röntgenbild entwickeln, das mithilfe der nachfolgenden drei Instrumente eine substanzielle Aussagekraft hat.

Das „goldene Handwerk" hat eine sehr lange Tradition – es sorgte einst für den kontinuierlichen Fortschritt und ist heute ein ganz wesentlicher Wirtschaftsfaktor und Arbeitsplatzmotor.

Wirtschaftslandesrat LH-Stv. Ernest Gabmann, St. Pölten

Im Wesentlichen sind es die drei Instrumente, die da heißen:

- Die Porfolio-Analyse
- Das Pareto-Prinzip
- Die STS-CHB-Analyse (Stärken-, Schwächen-, Chancen- sowie Bedrohungsanalyse inklusive einer ersten Trendeinschätzung des Unternehmers)

Mit diesen drei analytischen Instrumenten kann ein sehr robustes und übersichtliches Röntgenbild von Ihrem Handwerksbetrieb erstellt werden. Nachfolgend dazu die jeweiligen Analyseinstrumente im Detail.

Die Portfolio-Analyse

Diese wurde von der Boston-Consulting-Gruppe entwickelt und zeichnet sich durch eine Vier-Felder-Matrix aus. Auf der horizontalen Achse wird die Unternehmensattraktivität des jeweiligen Produktes bzw. der jeweiligen Dienstleistung, der Warengruppe oder des Sortiments hinterfragt. Die Frage heißt: Ist das angebotene Produkt oder die Dienstleistung aus der Sicht des Unternehmens niedrig attraktiv oder hoch attraktiv?

Die Unternehmensattraktivität wird durch zwei Faktoren definiert. Zum einen ist die Unternehmensattraktivität dann hoch, wenn erfreuliche und attraktive Umsätze erwirtschaftet werden, und zum anderen, wenn auch lukrative Deckungsbeiträge erwirtschaftet werden. Die Unternehmensattraktivität ist dann niedrig, wenn die Umsätze gering sind bzw. das Unternehmen negative Deckungsbeiträge bzw. Verluste bei den angebotenen Produkten bzw. Dienstleistungen erzielt.

Die zweite Achse in der Portfolio-Analyse heißt Marktattraktivität. Auch hier gilt die Fragestellung wiederum: Wird durch das angebotene Produkt oder die Dienstleistung eine hohe Marktattraktivität erzielt? Das heißt: Sind die Kunden bzw. die Märkte von Ihrem Angebot als Handwerksbetrieb begeistert? Oder wird eine niedrige Marktattraktivität mit Ihrer Angebotsform erzielt? Das heißt, sowohl die Kunden als auch der Markt empfinden Ihre Produkte und Dienstleistungen eher als langweilig, unattraktiv oder als Notlösung.

Wie in der Portfolio-Analyse erkennbar, werden die vier Felder unterschiedlich benannt. Ist die Angebotsform des Handwerksbetriebes hoch attraktiv aus der Sicht des Marktes, jedoch niedrig attraktiv aus der Unternehmenssicht, dann spricht man von einem sogenannten „Baby“, das der Unternehmer bzw. Handwerksbetrieb am Markt anbietet.

Der Idealfall ist, wenn der Markt die Angebotsform des Handwerksbetriebes als hoch attraktiv empfindet und das Unternehmen ebenso eine hohe Attraktivität aufgrund von erfreulichen Umsätzen und Deckungsbeiträgen erfährt. Treffen diese beiden Achsen zusammen, bezeichnet man sie als „Stars“.

Die dritte Ausprägungsform liegt dann vor, wenn die Unternehmensattraktivität hoch ist und die Marktattraktivität niedrig. Hier erzielt der Handwerksbetrieb noch immer erfreuliche Umsätze und Deckungsbeiträge, jedoch lässt das Interesse des Marktes bzw. der Kunden signifikant nach. Ist dies der Fall, dann spricht man von sogenannten „Melkkühen“.

Die vierte Konstellation ist eine absolute Minuskombination, denn hier ist sowohl die Marktattraktivität als auch die Unternehmensattraktivität niedrig. Das heißt, sowohl Märkte als auch Kunden sind an der Angebotsform des Handwerksbetriebes wenig bis kaum interessiert. Gleichzeitig erwirtschaftet das Unternehmen geringe Umsätze bzw. erzielt es Verluste. Dieses Feld nennt sich dann „Arme Hunde“. Ziel sollte es sein, diese Angebotsform möglichst rasch zu eliminieren, damit das Unternehmen nicht wirtschaftlich ausblutet.

Die Idealverteilung der Angebotsform eines zukunftsorientierten Handwerksbetriebes sollte 20 % Babys, 40 % Stars, 40 % Melkkühe und 0 % Arme Hunde im Rahmen der Portfolio-Analyse umfassen.

Wobei gilt, dass Deckungsbeiträge und Gewinne aus dem Feld der Melkkühe dafür herangezogen werden sollen, um die Babys in den nächsten zwei bis fünf Jahren zu Stars zu entwickeln. Im Übrigen gilt, dass ähnlich wie in einem organischen Lebenszyklus auf der Zeitachse idealerweise die Babys zu Stars werden, die Stars in weiterer Folge zu Melkkühen werden und die Melkkühe zu Armen Hunden degenerieren. Daher ist es für jedes Unternehmen wichtig, in ausreichender Zahl Babys im Portfolio zu haben, sodass Nachwuchs für die kommenden Stars gegeben ist.

Im schlechtesten Fall kann aber auch ein Baby sofort zum Armen Hund werden, hier spricht man von einem klassischen Flop. In der Wirtschaft werden Babys in der Portfolio-Analyse sehr oft auch als Innovationen bezeichnet.

Idealverteilung der Angebotspalette der wesentlichen Produkte bzw. Dienstleistungen eines Handwerksbetriebes im Rahmen der Portfolio-Analyse

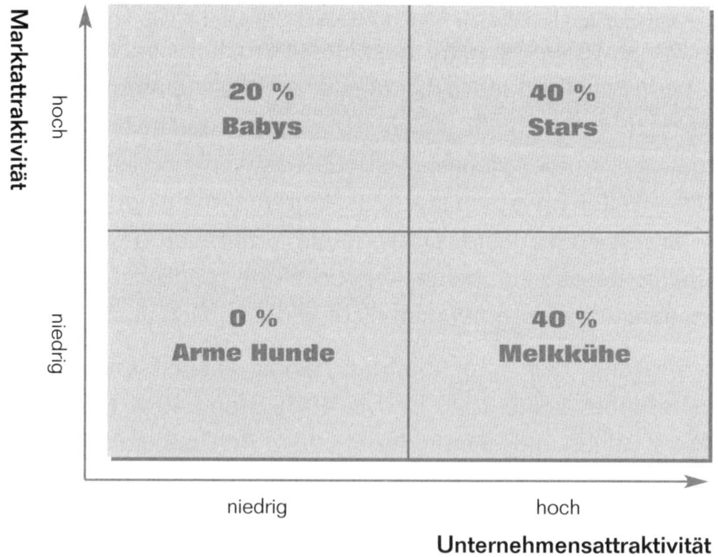

Um ein plakatives Verständnis für die Portfolio-Analyse für Handwerksbetriebe zu gewinnen, wurde das Beispiel eines Installateurbetriebes herangezogen, der eine zukunftsorientierte Portfolio-Verteilung aufweist. Auch hier gilt, dass die Armen Hunde möglichst rasch eliminiert werden sollen.

Portfolio-Analyse am Beispiel eines Installateurbetriebes

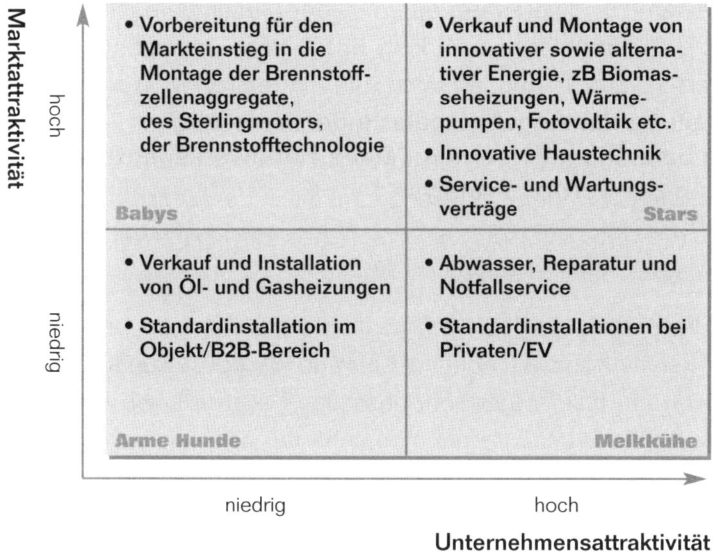

Das Pareto-Prinzip

Dieses Prinzip wird in der Wirtschaft gerne auch als 20:80-Richtlinie bezeichnet. Damit ist gemeint, dass man mit 20 % der Kunden 80 % der Umsätze erwirtschaftet. Bei genauerer Betrachtung zeigt jedoch das Pareto-Prinzip eine exaktere Verteilung auf, die sowohl für die Kunden als auch für die Produkte bzw. Dienstleistungen, die Lieferanten und auch die Kosten gültig ist. Die Verteilungsquote heißt hier im Wesentlichen: A-Kunden, das sind die sehr großen, machen anzahlmäßig in einem Handwerksbetrieb 20 % der Gesamtkundschaft aus, mit denen das Unternehmen jedoch 65 % des Umsatzes pro Jahr erwirtschaftet. Die B-Kunden sind die mittelgroßen Kunden, die ebenfalls 20 % von der Gesamtkundenanzahl betragen. Mit dieser Zielgruppe erwirtschaftet der Handwerksbetrieb weitere 20 % des Umsatzes. Die C-Kunden sind mengenmäßig in der Überzahl, nämlich mit 60 % vertreten. Damit erwirtschaftet der Handwerksbetrieb jedoch nur 15 % des Umsatzes.

Natürlich kann und wird es mehrheitlich so sein, dass bei B- und C-Kunden relativ höhere Deckungsbeiträge als bei A-Kunden erwirtschaftet werden. Fakt ist jedoch, dass das Pareto-Prinzip den Blick für das Wesentliche im Unternehmen schärfen hilft.

Die Erkenntnis dazu heißt: Achten Sie auf Ihre A- und B-Kunden, denn mit 40 % Ihrer Kunden haben Sie demnach 85 % Ihres Geschäftes im Griff. Gleiches gilt für die Kostenstellenbetrachtung. Mit 40 % Ihrer Kostenstellen bzw. Abteilungen, die Kosten verursachen, können Sie 85 % der Kostenstruktur des Unternehmens beeinflussen. Ähnliches gilt wiederum für Ihre Produkte bzw. Dienstleistungen. Mit 40 % Ihrer Angebotsform, die Sie als Handwerksbetrieb am Markt platzieren, erwirtschaften Sie 85 % des Umsatzes. Daher muss diese Handwerksleistung top sein, damit Sie hier Ihr Kerngeschäft weiter positiv ausbauen und nicht gefährden.

Nachfolgend dazu die übersichtliche Tabelle des Pareto-Prinzips, ausgewiesen auf Kundenbasis.

Das Pareto-Prinzip

	Anzahl in %	Umsatz in %
A Kunden	20 %	65 %
B-Kunden	20 %	20 %
C-Kunden	60 %	15 %
Gesamt	100%	100 %

Die STS-CHB-Analyse

Die Abkürzung STS hat nichts mit der Musikgruppe aus der Steiermark zu tun, sondern steht für Stärken-Schwächen-Analyse. Das heißt: Der Handwerksunternehmer analysiert die Stärken seines Betriebes, diese werden im linken Feld eingetragen, und die Schwächen, jene werden im rechten Feld in Stichworten eingetragen. Im Idealfall soll der Handwerksunternehmer die Analyse nicht alleine machen, sondern im kleinen vertrauten Kreis, wozu mehrheitlich die Gattin und die wesentlichen Mitarbeiter zählen.

Essenziell ist, bei der Analyse nicht die rosarote Brille aufzusetzen, sondern die Markt- und Kundenbetrachtungsweise realistisch einfließen zu lassen. Es hilft nichts, wenn sich das Unternehmen außerordentlich positiv darstellt, oder sich bei den Schwächen nicht getraut, den Finger in die Wunde zu legen. Ziel ist es, in Zukunft die Stärken des Handwerksbetriebes weiter zu stärken und die Schwächen bestmöglich zurückzunehmen.

Strategisch wird es in der Regel nicht funktionieren, aus einer Schwäche eine Stärke zu machen. Dies wäre für den Markt und die Kunden schlichtweg nicht glaubwürdig. Es ist aber legitim, im Sinne eines Verbesserungsprozesses im Unternehmen, die Schwächen bestmöglich zurückzunehmen. Hat man nun diese beiden Bereiche Stärken und Schwächen auf den Punkt gebracht, dann erfolgt der nächste Schritt, nämlich die Chancen- und Bedrohungsanalyse.

Nicht die Großen besiegen die Kleinen, sondern die Schnellen die Langsamen.

Herbert Fritz, Präsident des Südtiroler Landesverbandes der Handwerker (LVH) Südtirol

Damit eine Chancen- und Bedrohungsanalyse auch zukunftsorientiert gemacht werden kann, ist es notwendig, die substanziellen Trends, die das jeweilige Handwerksunternehmen betreffen, miteinfließen zu lassen. Bleiben wir bei der Portfolio-Analyse des Installateurbetriebes. Ist ein Unternehmer beispielsweise der Meinung, dass er in den nächsten fünf bis zehn Jahren genauso viele Öl- und Gasheizungen verkaufen wird wie im Jahr 1995, dann ist das eine Einstellung, die er durchaus haben kann, die aber den zukünftigen Entwicklungen schlichtweg nicht entspricht. Daher sollen die Chancen, die ein Handwerksbetrieb hat, in der Regel auf dem bisher erarbeiteten Röntgenbild aufbauen: sich auf die Stärken stützen und auf zu erwartende Trends ausrichten bei gleichzeitiger Annahme, dass die diagnostizierten Schwächen tendenziell zurückgenommen werden können.

Bedrohungen sollten insofern interpretiert werden unter der Annahmen, dass die Schwächen nicht zurückgenommen werden können, oder auch dass Trends und zukünftige Entwicklungen auf das Unternehmen zukommen, die es nicht direkt beeinflussen kann. Das wären zB explodierende Erdöl- und Erdgaspreise, die der Weltmarkt vorgibt. Hier hat dann der Unternehmer die Aufgabe, diese Bedrohungen durch andere und innovative Angebotsformen nicht nur abzufedern, sondern auch im Idealfall auf null zurückzuführen.

Nachfolgend finden Sie einen Überblick zur STS-CHB-Analyse.

Die STS-CHB-Analyse

Stärken (ST) Welche Stärken hat Ihr HW-Betrieb?	**Schwächen (S)** Welche Schwächen hat Ihr HW-Betrieb?
Chancen (CH) Welche Chancen hat Ihr HW-Betrieb im laufenden Geschäftsjahr und in den nächsten Jahren?	**Bedrohungen (B)** Welche Bedrohungen gibt es firmenintern, vom Markt und von Trends?

Fazit

Mit den drei Analyseinstrumenten Portfolio, Pareto-Prinzip sowie der STS-CHB-Analyse steht Ihnen als Unternehmer ein sehr aussagekräftiges Röntgenbild für Ihren Handwerksbetrieb zur Verfügung.

Goldene Marketingregel Nummer 6:

Setzen Sie auf solide und zukunftsorientierte Produkt- und Dienstleistungsangebote!

Im Wesentlichen sind für eine erfolgsorientierte Handwerksarbeit 11 Marketinginstrumente von besonderer Bedeutung und damit ausreichend. Im Nachfolgenden hat das Institut für Marketing und Trendanalysen diese 11 Marketinginstrumente bildhaft im Rahmen eines Einfamilienhauses dargestellt. Jedes davon stellt eine eigene Ausbaustufe dar. Begonnen wird mit dem Marketinginstrument 1, das gleichermaßen das Fundament des Hauses plakativ darstellen soll.

Das Produkt- und Dienstleistungsangebot von Ihrem Handwerksbetrieb

Die Produkte und Dienstleistungen, die Ihr Handwerksbetrieb am Markt anbietet, entsprechen der ersten Ausbaustufe des Marketing-Einfamilienhauses, dem Fundament und der Gebäudehülle, die bis zur Decke im ersten Stock reicht. Nachhaltig erfolgreiches Marketing kann ein Handwerksbetrieb nur dann vollziehen, wenn das Fundament, nämlich die angebotenen Produkte bzw. Dienstleistungen, eine solide und sehr gute Qualitätsplattform haben und bilden.

Gerade von Handwerksbetrieben erwarten sich die Kunden zu Recht eine Top-Qualität. Oder anders gesagt: Seriöses Marketing braucht im Handwerk ein solides Fundament in der Produkt- und Dienstleistungsangebotsform. Alles andere gefährdet den Erfolg des Betriebes, zumindest mittel- und langfristig.

Aufgrund der immer kürzer werdenden Reaktionszeit des Marktes, der Kunden wie auch des Mitbewerbs, wirkt sich eine schwache oder durchschnittliche Produkt- und Dienstleistungsqualität eines Handwerksbetriebes sehr oft bereits auch kurzfristig negativ auf das operative Geschäft aus. Nicht nur weil Kunden dann reklamieren und schmerzliche bzw. unangenehme Preisabschläge fordern oder Zahlungsverzögerungen verursachen, die wiederum Liquiditätsanspannungen bzw. Ertragsschmälerungen zur Folge haben, sondern auch weil ein substanzieller Negativ-Werbeeffekt, der auch kurzfristig das Geschäft nach unten ziehen kann, entsteht.

Es gilt die Gesetzmäßigkeit, dass ein Kunde, der mit einem Unternehmen eine negative Erfahrung hatte, diese zehn anderen Personen weitererzählt. Die Negativspirale wird damit in Bewegung gesetzt, was insbesondere Handwerksbetriebe besonders betrifft, da sie ja in der Region tätig sind und das regionale Image wie auch die Mundpropaganda von substanzieller Bedeutung sind. Fakt ist, dass so eine Negativspirale, wenn sie einmal in Bewegung gesetzt worden ist, nur mit sehr hohem Energie- und Kostenaufwand zu stoppen ist und relativ schwer in eine positive Spiralenbewegung umzudrehen ist.

Im Wesentlichen sollte daher jeder Handwerksbetrieb im Rahmen seiner Produkt- und Dienstleistungsangebotsform auf folgende Eckpfeiler besonders achten und sich dabei folgende Fragen stellen:

Der Qualitätsanspruch Ihres Handwerksbetriebes

- Erbringt Ihr Handwerksbetrieb tatsächlich eine sehr gute Qualität im Rahmen der Produkterstellung, Montage bzw. beim Dienstleistungsangebot?
- Wird die angestrebte Top-Qualität des Handwerksbetriebes auch von den Kunden so gesehen und bewertet oder gibt es hier einen signifikanten Wahrnehmungsunterschied zwischen dem Handwerksbetrieb, wie er sein möchte, und der Beurteilung der Kunden?

- Denken Sie bitte an Ihren regionalen Mitbewerb. Ist Ihr Unternehmen mit vergleichbaren Handwerksbetrieben in der Produkt- und Dienstleistungsqualität zumindest gleich gut oder besser zu sehen? Wobei hier nicht die innerbetriebliche Beurteilung wichtig ist, sondern die Ihrer Kunden und des Marktes!

Die Verpackung der Produkt- und Dienstleistungsangebote des Handwerksbetriebes

Die Art der Verpackung, das heißt wie der Handwerksbetrieb zum Kunden hin am Markt auftritt, ist eine weitere substanzielle Frage. Unter Verpackung versteht man hier im weitesten Sinn, wie Ihre Mitarbeiter vor Ort beim Kunden auftreten. Die Bandbreite dazu ist beachtlich groß. Neben der Begrüßung des Kunden durch einen Mitarbeiter vor Ort sind die Art der Arbeitsbekleidung, das gesamte Erscheinungsbild, die Werkzeugkiste, die Verkaufsunterlagen, aber auch das Auto, mit dem Ihr Mitarbeiter vorfährt, Mosaikteile, die sich zu einem Puzzle zusammenfügen. Die Verpackung betrifft natürlich auch das Geschäft und die Baulichkeit des Handwerksbetriebes inklusive der Produktpräsentation und des Gesamterscheinungsbildes.

In den letzten Jahren wurden unter dem Titel „Erlebniskauf" vielen Handwerksbetrieben zum Teil sehr große Investitionen von externen Beratern aufgeschwatzt, die nicht nur kontraproduktiv für das Geschäft waren, sondern auch zum chronischen Verlustbringer wurden. Ein Beispiel dazu aus dem Metzger-/Fleischerhandwerk:

Damit sich ein Fleischerbetrieb von den Diskontern und Lebensmittelsupermärkten erfolgreich differenzieren konnte, wurde den Handwerksbetrieben sehr oft empfohlen, den Ladenbau, also die Geschäftseinrichtung, nicht nur zu modernisieren, sondern auch auf eine elitäre und einzigartige Ausstattung zu setzen. So wurde beispielsweise die Bodenfläche des Verkaufslokals durch einen neuen, sehr hochwertigen Marmor ersetzt, die Verkaufsvitrine ebenso auf ein Premiumerscheinungsbild umgemünzt uvm. Die Konsequenz war mehrheitlich die, dass sich die Kunden bei ihrem Fleischer vor Ort nicht mehr wohlfühlten, da sie das gesamte Erscheinungsbild als überzogen, zu teuer und nicht mehr authentisch empfanden.

Fazit

Diese Art der Verpackung war überzogen und schoss meilenweit an den beabsichtigten Zielen vorbei, nämlich Marktanteile in der Region gewinnen zu können, um so mehr Umsätze und auch höhere Gewinne erwirtschaften zu können.

Grundsätzlich gelten für eine erfolgreiche Verpackung eines Handwerksbetriebes folgende Empfehlungskriterien.

Die Verpackung soll

- attraktiv sein und Qualität ausstrahlen,
- authentisch sein, somit nicht überzogen wirken, aber es soll auch kein Understatement betrieben werden,
- ein modernes und gegebenenfalls traditionelles Erscheinungsbild des Handwerksbetriebes verknüpfen und dies ehrlich und werbewirksam darstellen,
- menschlich sympathisch wirken, um so das höchste Gut im Geschäftsleben zu pflegen, nämlich das Vertrauen der Kunden zu gewinnen.

Eine Sonderform der Verpackung nimmt im Rahmen der Produkt- und Dienstleistungsangebote in Ihrem Handwerksbetrieb der Faktor Design ein.

Das Design, das dritte Element im Rahmen der Produkt- und Dienstleistungsangebote

Ein sympathisches Design ist ein substanzieller Wettbewerbsfaktor, der in Zukunft weiter an Bedeutung gewinnen wird. Sinnvoll ist es zusätzlich, das Design konzeptionell mit einer Vision mit Sinnstiftung auszustatten und dies den Kunden auch zu vermitteln.

Erfolgreiche Innovationen entstehen im Herzen Einzelner, deren positive Umsetzung aus der Leidenschaft Vieler.

Harald Enzensberger, Unternehmensgruppe Lieb Bau Weiz

Ein Beispiel dazu:

Ein Handwerksbetrieb, der sein Unternehmen durch einen Zubau erweitert bzw. auf der „grünen Wiese" neu baut, wird dann in der Öffentlichkeit Pluspunkte sammeln können, wenn er beispielsweise Fotovoltaik- bzw. thermische Solarenergiemodule baulich integriert oder in der Haustechnik auf regenerative Energien setzt, die beispielsweise die Wasserstofftechnologie oder die Brennstoffzelle umfassen. All diese Elemente sind mit einer Portion Kreativität gut sichtbar am Gebäudekörper darzustellen, um hier ein visuelles Signal an die Region weiterzugeben. Die Wertschätzung steigt durch solche Investitionen in den nächsten Jahren überproportional hoch, da diese umweltbewussten Unternehmer und Handwerksbetriebe als Marktteilnehmer wahrgenommen werden, die durch nachhaltige Investitionsleistungen der breiten Öffentlichkeit aus der Sackgasse der explodierenden Erdöl- und Erdgaspreise zu entkommen helfen.

Die Schattenseite im Designbereich ist, dass die Erscheinungsformen von Neu- bzw. Zubauten oft verrückt und unsympathisch wirken und insbesondere von wesentlichen Entscheidungsträgern in der Wirtschaft massiv abgelehnt werden. Das Ziel ist zwar nachvollziehbar, nämlich sich durch ein extravagantes Design von der herkömmlichen Gebäudelandschaft abheben zu wollen. Insbesondere die Mehrzahl der Architekten ist hier versucht, sich ein persönliches Denkmal zu setzen. Dagegen ist grundsätzlich nichts einzuwenden, aber das Design muss die Kunden begeistern.

Folgende Faktoren sind im Designbereich daher von besonderer Bedeutung:

- Einzigartigkeit ja, aber nur mit einem Design, das freundlich, sympathisch wirkt und eine Brise von Innovationsgeist vermittelt. Wenn 85 bis 90 % der Frauen das Design Ihres neuen Firmengebäudes oder der Plan des Traumbades gefällt, haben Sie als Unternehmer gewonnen. Umgekehrt gilt das Gleiche. Wenn Sie die Mehrzahl der Frauen mit Ihrem Design irritieren und dieses abgelehnt wird, ist die Wahrscheinlichkeit des Misserfolges sehr groß.

- Im Farbspiel werden im Rauminneren bis 2015 weiterhin helle, aber warme Farbtöne den höchsten Kundenzuspruch finden. Insbesondere die Zielgruppe der 35-Plus-Generation und im Speziellen die 60-Plus-Generation sucht mehrheitlich helle Farben. Dunkle Farben im Rauminneren signalisieren laut Psychologie zwar Hochwertigkeit, sie werden jedoch zunehmend durch helle und freundliche Farben ersetzt, da insbesondere die ältere Generation eine aufhellende Stimmungswirkung für das eigene Gemüt sucht. Laut Weltgesundheitsorganisation leiden rund 20 % der Weltbevölkerung an Depressionen, dies gilt auch für die Bevölkerung innerhalb der EU und im Besonderen für Deutschland, Österreich und Südtirol.

- Die Form ist ein weiterer wesentlicher Teil des Designs. Die Formgebung wird bis 2015 durch abgerundete Ecken, Keilform und flexible Merkmale charakterisiert sein. Kantige Ecken bleiben weiterhin unerwünscht.

Ein Beispiel zur flexiblen Formgebung:

Der Trend zu Cabrios hält in den nächsten Jahren unvermindert an und ist ein Beweis dafür, dass das Dach eines Autos vom Extrempunkt 1, nämlich geschlossen, bis zum Extrempunkt 1+n, nämlich offen mit Fahrtwindgenuss, alles bietet, was sich der Kunde hier wünschen kann. Spätestens ab 2015 wird das erste Cabriohaus den Markt begeistern, ein Hausdach, das flexibel je nach Stimmung geöffnet oder geschlossen werden kann.

Ein gänzlich anderes Beispiel aus dem Handwerksbereich, wo Design eine staatstragende Rolle in der Dienstleistungserstellung hat, zeigen erfolgreiche Friseure auf. Sie sind Meister im Haarschnitt, im Styling, in der Farbgebung und Pflege. Diese Stylisten begeistern aber ihre Kunden nicht nur durch ihre Top-Handwerksleistung, sondern auch durch zusätzliche Spitzenserviceleistungen.

Das nachfolgende Beispiel von Thomas Walter, Coiffeur aus St. Florian in Oberösterreich, soll als eines der Top-Beispiele aus der Branche diesen Mix aus handwerklicher Spitzenleistung und attraktiven Servicefacetten beschreiben.

Ein erfolgreicher Handwerksbetrieb mit Format, Thomas Walter, Coiffeur aus St. Florian/OÖ

Master of Colors, Thannstr. 41, 4490 St. Florian, www.coiffeur-walter.at

Die Geschäftsidee

Thomas Walter wusste bereits in seiner Kindergartenzeit, dass er Friseur werden wollte. Sein Ziel war es, ein eigenes Geschäft zu haben und auf der Bühne zu arbeiten. Beides hat er erreicht.

Spezialisiert hat sich der Jungunternehmer auf professionelle Haarfarbberatung und deren Umsetzung – er ist Master of Colors – sowie auf personifizierte Haarschnitte.

In seiner Region gilt der Spruch: „Wenn Sie eine perfekte Haarfarbe zu Ihrem Persönlichkeitstyp suchen, dann gehen Sie zum Coiffeurteam Thomas Walter." Heute hat der Jungunternehmer mit Jahrgang 1967 zwölf Mitarbeiter, davon sind sechs Stylisten und sechs Lehrlinge.

Zusätzlich hält er Fachvorträge für seine Branchenkollegen, nimmt Gesellenprüfungen ab und ist überzeugt von der Notwendigkeit des Meisterbriefes, der ein Qualitäts-Sicherheitsmerkmal für die Kunden ist.

Thomas Walter sieht die Entwicklung in seiner Branche klar und nüchtern. Billigläden, wo Kunden um 10 Euro Dienstleistungen im Friseurbereich kaufen können, werden ähnlich wie in anderen Branchen eine neue Diskonterszene entstehen lassen. Daher kann die Alternativstrategie nur heißen: eine Top-Leistung in der personifizierten Schnitttechnik sowie in der Farb- und Typberatung zu erbringen.

Seit 1. Juli 2006 hat der Jungunternehmer sein Friseurgeschäft vom Zentrum St. Florian in die Peripherie eines kleinen Einkaufzentrums verlegt. Statt 100 m^2 hat sein Geschäft nunmehr 150 m^2 bzw. zwei Bedienungsplätze mehr.

Damit seine Stammkunden sein Coiffeurteam auch am neuen Standort gerne aufsuchen, hat er die Taxi-Card mit dem Titel „Bequem zum Friseur" eingeführt. Alle Kunden aus St. Florian, die zu Thomas Walter wollen, können ein Taxi buchen und zahlen für Hin- und Rückfahrt nur 2,50 Euro. Den Aufpreis zahlt der Coiffeur.

Begeisterte Kunden sind das Ergebnis. Bisher hat der Jungunternehmer stets nur Gewinn erwirtschaftet. Jährlich steigert er den Profit um ca. 10 % und mit dem neuen Standort will er den Umsatz im neuen Geschäftsjahr um weitere 50 % steigern. Die Triade Top-Dienstleistungsqualität, Top-Service inklusive Taxi-Card sowie bestausgebildetes und hoch motiviertes Personal sind die drei Erfolgssäulen des Coiffeurteams Thomas Walter.

Fazit

Produkt- und Dienstleistungsangebote eines Handwerksbetriebes müssen eine sehr gelungene Verknüpfung bzw. Symbiose aus Qualität, Verpackung und Design sein. Gelingt dies, dann werden die Kunden nicht nur mit Stolz die Handwerksleistung beispielsweise des Friseurs durch die Präsentation ihrer schönen Frisur nach außen tragen, sondern auch die Top-Handwerksleistung eines Tischlers bzw. Schreiners oder Installateurs, um nur drei Beispiele hier zu nennen. Eine Handwerksleistung ist dann top, wenn Ihr Kunde sie insbesonders seinen wichtigsten Bezugspersonen und auch den Freunden und Gästen stolz präsentiert!

Wir dürfen unsere Muttersprache nicht achtlos gegen die pseudowissenschaftliche Flut von Anglizismen aufgeben. Unternehmerische Sprachkultur in der Muttersprache ist ein Wettbewerbsvorteil mit Wurzeln und Zukunft! Nutzen wir ihn!

DI Jörg Eberhardt, Leiter Business-Unit Gebäudetechnik, Verwaltung Südosteuropa, REHAU GesmbH, Guntramsdorf

Ihr Produkt- und Dienstleistungsangebot entspricht dem Fundament und der Gebäudehülle eines Einfamilienhauses. Qualität, Verpackung und Design spielen hier die zentrale Rolle.

Ähnlich wie Albert Einstein Raum in seiner Dreidimensionalität mit Zeit als vierter Dimension verknüpft hat, ist es auch für einen Handwerksbetrieb von Bedeutung, eine vierte Dimension zur Steigerung seines Marktattraktivitätsgrades einzusetzen, nämlich eine beherzte und echte Innovationspolitik.

Goldene Marketingregel Nummer 7:

Setzen Sie auf Innovationen!

Innovationen, also neue Produkte und Dienstleistungen, die Ihre Kunden und den Markt begeistern, sind die Speerspitze für jedes Unternehmen. Daher entsprechen Innovationen der Gebäudespitze, nämlich dem Top-Dach in unserem plakativ gewählten Beispiel des Marketing-Einfamilienhauses.

Grundsätzlich ist zwischen drei Arten von Innovationen zu unterscheiden:

- echten Innovationen
- psychologischen Innovationen
- 08/15-Innovationen

Bevor auf diese drei Arten näher eingegangen wird, ist vorab eine Definition zum Themenkreis Innovationen angebracht. Unter Innovation versteht man eine Produkt- oder Dienstleistungsneuheit, die bei Ihren Kunden bzw. am Markt inklusive Mitbewerber ein sogenanntes Aha-Erlebnis schafft. Das heißt, dass insbesondere Ihre Kunden einen positiven Wow-Effekt durch Ihre Innovation erleben müssen. Wobei gilt, dass ausschließlich die Fremdbetrachtung, also die von Ihren Kunden, dafür von Bedeutung ist, ob es sich um eine tatsächliche Innovation handelt oder nicht.

Wenn beispielsweise ein Handwerksbetrieb firmenintern ein neues Produkt in sein Sortiment aufnimmt oder entwickelt und bei seinen Kunden einführt, das aber der Mitbewerb schon seit geraumer Zeit am Markt anbietet, ist diese betriebsinterne Neuerung für das Unternehmen zwar erfreulich, aber keine Innovation. Folgende drei Regeln sollten daher erfolgsorientierte Handwerksbetriebe im Zuge einer wirkungsvollen Innovationsstrategie beachten.

Innovationsregel Nummer 1

Von drei Innovationen, die Firmen am Markt einführen, wird im Durchschnitt eine sehr erfolgreich sein, zwei hingegen werden floppen.

Innovationsregel Nummer 2

Die durchschnittliche Entwicklungszeit für eine Innovation liegt im Handwerk bei sechs Monaten, maximal bei zwei Jahren. Hier muss der Unternehmer bereit sein, Zeit, Geld sowie in menschliche Arbeitskraft und allgemeine betriebswirtschaftliche Ressourcen zu investieren.

Innovationsregel Nummer 3

Wenn eine Innovation am Markt erfolgreich ist, sind überdurchschnittlich hohe Deckungsbeiträge bzw. Gewinne erwirtschaftbar. Daher soll in diesem Zusammenhang auch von der Standardkalkulation abgegangen werden und eine mutigere deckungsbeitrags- und gewinnorientierte Kalkulation vorgenommen werden.

Innovationsregel Nummer 4

Kein Erfolgskriterium ist so stark, wie der richtige Zeitpunkt für die Einführung einer Innovation bzw. Geschäftsidee. Ein Handwerksbetrieb kann mit seiner Innovation zu früh auf den Markt kommen, aber auch zu spät. Beides ist für die Innovation und für die Markteinführung schlecht bzw. kontraproduktiv. Wann der richtige Zeitpunkt für die Innovation gegeben ist, hängt im Wesentlichen von den nachfolgenden fünf Faktoren ab:

- Eine Produkt- bzw. Dienstleistungsinnovation muss marktreif sein. Das heißt, die Qualität muss ausgereift sein, Kinderkrankheiten müssen, sofern sie überhaupt auftreten, reparabel sein.

- Der Markt und Ihre Kunden müssen für Ihre beabsichtigte Innovation aufnahmebereit sein. Dies ist nur dann der Fall, wenn Ihre geplante Innovation einen hohen Attraktivitätsgrad und effektive Vorteile bietet.
- Der Überraschungseffekt, den Sie gegenüber Ihrem Mitbewerb erzielen können und der Ihrem Handwerksbetrieb eine nachhaltige Wettbewerbsdifferenzierung ermöglicht, muss funktionieren.
- Die Preispositionierung Ihrer Innovation muss stimmig sein. Im Vorfeld der Markteinführung muss klar sein, ob Ihre Produkt- bzw. Dienstleistungsneuheit so hochpreisig sein wird, dass sich diese nur sehr Reiche bzw. Etablierte leisten können. Oder ob Ihre Innovation für breitere Schichten der 35-Plus-Generation bzw. im B2B-Bereich geeignet ist.
- Firmenintern ist die Frage zu beantworten, inwieweit Ihre Mitarbeiter in der Lage sind, diese Innovation bei Ihren Kunden auch in der anerkannten und renommierten Handwerksqualität zu installieren, zu montieren bzw. zu verkaufen.

Innovationsregel Nummer 5

Bezug nehmend auf die eingangs beschriebenen drei Arten von Innovationen zeigt die Praxis folgende wertvolle Erkenntnisse auf.

- Echte Innovationen haben die größte Erfolgswahrscheinlichkeit, wenn sie die ersten vier Innovationsregeln überzeugend erfüllen. Unter echten Innovationen versteht man solche, die aufgrund ihrer inhaltlichen Substanz die Kunden und den Markt überzeugen und auch begeistern. Ein Alleinstellungsmerkmal ist die logische Folge für Ihren Handwerksbetrieb.
- Psychologische Innovationen sind selten erfolgreich, da sie ein großes Werbebudget brauchen und ein hohes Risiko bei der

Marktakzeptanz haben. Nachdem ein repräsentativer Handwerksbetrieb kein Millionen-Euro-Budget zur Verfügung hat, ist vor der Markteinführung einer solchen Innovation dringend abzuraten.

Ein klassisches Beispiel, wo eine psychologische Innovation erfolgreich umgesetzt worden ist, war Wella in den 70er-Jahren. Dieses Unternehmen führte den Haarspray für Damen mit dem sogenannten Avivage-Effekt ein. Im Prinzip wusste keine Kundin, was der Avivage-Effekt war und welche Wirkung er erzeugte, dieses psychologische und vermeintlich innovative Produktmerkmal brachte jedoch eine signifikante Wettbewerbsdifferenzierung und in der Folge einen Absatz- und Umsatzschub für das Unternehmen. Bekanntlich bestätigen Ausnahmen die Regel. Wie bereits oben ausgeführt, ist vor dem Einsatz von psychologischen Innovationen im Handwerksbereich dringend abzuraten.

Erfolg findet im Geist statt!

Siegfried Mayer, Leiter Sparte Technik, BayWa AG München

- Vor 08/15-Innovationen ist in jedem Fall zu warnen. Das Original ist immer besser als die Kopie. Zweiter, dritter oder vierter als Handwerksbetrieb in der Region zu sein, um eine vermeintliche Innovation auf den Markt zu bringen, schafft keinen Wettbewerbsvorsprung, sondern kostet nur Ressourcen, löst firmenintern mehrheitlich Demotivation aus und führt langfristig zu keinem Mehrwert im Unternehmen. Hinzu kommt, dass die Wirkung bei den Kunden wenig Positives erzeugt und die Vergessenskurve relativ rasch um sich greift.

- 08/15-Innovationen sind jedoch nicht gleichzusetzen mit kontinuierlichen Produkt- und Dienstleistungsverbesserungen. Gutes besser zu machen, ist eine substanzielle Notwendigkeit für jedes Unternehmen. Ein kontinuierlicher Verbesserungsprozess oder KVP, wie er in der Wirtschaft gerne abgekürzt genannt wird, hat mit einer echten und substanziellen Innovation jedoch nichts zu tun. Dieser ist eine allgemeine unternehmerische Pflicht, die für alle Branchen und daher auch für die Handwerksbetriebe Gültigkeit hat.

Nachfolgend finden Sie ein exzellentes Beispiel eines Handwerksbetriebes, der sich in der Lebensmittelbranche als Europas bester Eisspezialist positionieren und auch verdienterweise profilieren konnte.

Tichy, der renommierte Eisspezialist aus Wien, setzt auch in der zweiten Unternehmergeneration konsequent auf echte Innovationen!

Ein erfolgreicher Handwerksbetrieb mit Format, KommR Kurt Tichy aus Wien, Reumannplatz 13

Tichy – der Speiseeiserzeuger aus Wien setzt auf Innovation!

KommR Kurt Tichy absolvierte seine Zuckerbäckerlehre in Wien und machte sich 1952 mit rund 110 Euro als Eiserzeuger selbstständig. Legendär sind seine Fahrten mit seinem ersten Eiswagerl, wo er unter anderem die 600 Wiener Gemüsegärtner in der heißen Jahreszeit mit seinem köstlichen Eis versorgte.

Heute hat Tichy den größten Eissalon Europas in Wien. Der Handwerksbetrieb beschäftigte 2006 67 Mitarbeiter, setzt konsequent auf Innovationen und beste Handwerksproduktqualität. Der Speiseeiserzeuger hat seinen unübertroffenen Ruhm durch die weltweit einzigartigen Eismarillenknödln, die eine patentierfähige Innovation darstellen, begründet. Tichy konzentrierte sich auf das Kerngeschäft, Eisspezialitäten zu erzeugen, laufend Innovationen zu entwickeln sowie den Kunden beste Qualität und ein attraktives Preis-Leistungs-Verhältnis zu bieten. Des Weiteren hat sich Tichy seit 1956 konsequent als regionale Marke etabliert. Heute führt Sohn Kurt Tichy, Jahrgang 1959, das Unternehmen in der zweiten Generation weiterhin höchst erfolgreich.

Tichy hat sieben Monate Betriebszeit von März bis Ende September, fünf Monate wird nicht gearbeitet. Die Öffnungszeiten sind während der Betriebszeiten von Montag bis Sonntag durchgehend von 10.00 bis 23.00 Uhr, die 67 Mitarbeiter verdienen im Durchschnitt 30 % mehr als in der Branche üblich ist. Ein schlankes Kostenpaket, u.a. keine Verwaltung, die Lohnverrechnung macht die Steuerberaterin, ein Absatz von 3.000 Liter Eis an Spitzentagen – das entspricht etwa 15.000 Eisportionen pro Tag – und eine kontinuierlich steigende Nachfrage zeichnen das Unternehmen betriebswirtschaftlich insofern aus, als es heute null Bankdarlehen hat und das obwohl die Immobilie in Wien wie auch der beeindruckende Maschinenpark zur Eisproduktion im Eigentum des Unternehmens stehen.

70 % der Mitarbeiter sind im Verkauf tätig, 30 % in der Eisproduktion. Der Handwerksbetrieb verarbeitet im Durchschnitt täglich 2.000 Liter Milch, braucht 35 Tonnen Erdbeeren, 25 Tonnen Marillen (Knödelhalber), 10 Tonnen Pfirsiche.

Das Produktportfolio bei Tichy konzentriert sich ausschließlich auf Eisspezialitäten mit exzellentem Geschmack und Frische.

- Einzigartige Eisknödel inklusive der patentierten Marilleneisknödel,
- innovative und genussvolle Eis-Drinks,
- herrlich schmeckende Eistorten,
- Eiskaffeekompositionen und Innovationen der besonderen Art und
- Speiseeis in phantasievollen Geschmacksnoten.

Rund 65 % des Jahresumsatzes erwirtschaftet Tichy an seinem einzigen Standort in Wien, Reumannplatz 13. Rund 30 % des Umsatzes erzielt er durch abgepackte Ware zum Mit-nach-Hause-nehmen. 5 % des Umsatzes erwirtschaftet der Handwerksbetrieb durch die Lieferung seiner Eisspezialitäten an Restaurants und Cafes nicht nur in Österreich, sondern u.a. nach Deutschland, nach Italien und in die Schweiz.

Die Vision von Geschäftsführer Kurt Tichy jun. ist glasklar: Die Kernkompetenz des Handwerksbetriebes als Eisspezialist weiter zu pflegen und auszubauen, hat höchste Priorität. Bester Geschmack, herausragende Frische und Innovationen sind und bleiben das Markenzeichen von Tichy als Eisspezialist.

Atypisch für solch eine wirtschaftliche Erfolgsstory ist: Tichy will nicht expandieren. Der Handwerksbetrieb will eine Wiener Institution bleiben, so wie das Hotel Sacher oder das Neujahrskonzert.

Übrigens: Das Logo von Tichy wurde seit 1970 nicht verändert.

Haben Sie als Handwerksbetrieb Mut zur Kontinuität in Ihrem Marktauftritt!

Goldene Marketingregel Nummer 8:

Verwenden Sie den Innovations-Quick-Test vom Institut für Marketing und Trendanalysen, der speziell für Handwerksbetriebe entwickelt wurde!

Beschreiben Sie bitte auf maximal einer Seite Ihre geplante Innovation. Beantworten Sie bitte in weiterer Folge die nachfolgenden 12 Fragen, bevor Sie die Innovation am Markt einführen.

1. Zählt die beabsichtigte Innovation bzw. das neue Geschäftsfeld, das Sie aufbauen möchten, zu der **Kernkompetenz** Ihres Handwerksbetriebes?

ja	nein
▢	▢
1	4

2. Ist das **Investitionsvolumen** für Ihr Unternehmen zur Verwirklichung der beabsichtigten Innovation bzw. des neuen Geschäftsfeldes …?

sehr hoch	hoch	mittel	gering
▢	▢	▢	▢
4	3	2	1

3. Gibt es die Möglichkeit, sich vom Mitbewerb signifikant zu unterscheiden? Sind Sie **der Erste** mit dieser Innovation in Ihrer Region?

ja	nein
▢	▢
1	4

4. Gelingt es Ihrem Handwerksbetrieb, mit dieser Innovation bzw. diesem neuen Geschäftsfeld eine **Themenführerschaft** in der Region aufzubauen?

ja	nein
▢	▢
1	4

5. Der Lebensnerv jedes Unternehmens ist der Verkauf bzw. Vertrieb. Kann der persönliche Verkauf bzw. Vertrieb Ihre beabsichtigte Innovation auf **bestehenden Verkaufs- bzw. Akquisitionswegen** absetzen?

ja	nein
☐	☐
1	4

6. Kann Ihr Handwerksbetrieb mit der geplanten Innovation eine **relative Hochpreispolitik** bzw. einen überdurchschnittlich hohen Deckungsbeitrag erwirtschaften?

ja	nein
☐	☐
1	4

7. Welches **Gefühl** haben Sie als UnternehmerIn bei dieser Innovation?

sehr positiv	positiv	mittel	schlecht
☐	☐	☐	☐
1	2	3	4

8. Wie **rasch** kann Ihr Betrieb die beabsichtigte Innovation **am Markt einführen**?

sehr schnell (innerhalb 1 Jahres)	schnell (innerhalb 2 Jahren)	mittelfristig (in 3 Jahren)	langfristig (in 4 – 5 Jahren)
☐	☐	☐	☐
1	2	3	4

9. Können Sie mit der geplanten Innovation in 3 Jahren **20 % Ihres Gesamtumsatzes** oder mehr erwirtschaften?

ja	nein
☐	☐
1	4

10. Können Sie mit der beabsichtigten Innovation Ihr **Image** als innovatives Unternehmen verbessern?

ja	nein
▢	▢
1	4

11. Bietet die geplante Innovation Ihren Kunden **70 % technische Funktionalität** und **30 % Spaß** bzw. Showeffekte?

ja	nein
▢	▢
1	4

12. **Begeistern** Sie Ihre Kunden mit dieser Innovation?

ja	nein
▢	▢
1	4

Wenn Sie nun diese 12 Fragen beantwortet haben – methodisch empfehlen wir Ihnen in diesem Zusammenhang dies in einem kleinen Team von vertrauten und verschwiegenen Mitarbeitern bzw. externen Personen zu machen –, dann rechnen Sie die Gesamtpunkteanzahl pro Person zusammen. Bilden Sie danach einen Durchschnittswert von allen Beteiligten, die die 12 Fragen beantwortet haben. Vergleichen Sie dann die Gesamtpunkteanzahl mit der nachfolgenden Bewertungstabelle. Der beste Wert, der erreichbar ist, sind 12 Punkte, der schlechteste 48 Punkte.

Anhand empirischer Erkenntnisse vom Institut für Marketing und Trendanalysen können Sie aus der nachfolgenden Bewertungstabelle ablesen, inwieweit Sie sehr gute Chancen und gute Chancen haben, Vorsicht walten lassen müssen oder ob die geplante Innovation für Ihr Unternehmen sogar gefährlich ist oder ein hohes Risiko birgt.

Bewertungstabelle der Erfolgswahrscheinlichkeit der Innovation

Punktespektrum

Bestwert: 12 Punkte

max. Wert: 48 Punkte

Interpretation der Ergebniswerte

12 – 16 Punkte: sehr gute Chancen

17 – 22 Punkte: gute Chancen

23 – 32 Punkte: Vorsicht!

33 – 36 Punkte: gefährlich

37 – 48 Punkte: hohes Risiko

Tragen Sie bitte nun die Bewertung Ihrer geplanten Innovation in der Bewertungstabelle ein.

Die Rolle des Handwerks als wichtiger Innovationsfaktor wird in seiner Bedeutung weiter zunehmen. Es erhält damit eine entscheidende Schlüsselfunktion und trägt erheblich zur Prosperität seiner Volkswirtschaft bei.

Dr. Horst-Dieter Bunk, Lehrbeauftragter der Universität Hannover, Leiter Berufsbildung Fachverband SHK-Niedersachsen

Bewertungstabelle – Innovations-Quick-Test

Frage	Inhalt	Punkte
Frage 1	Kernkompetenz	
Frage 2	Investitionsvolumen	
Frage 3	der Erste	
Frage 4	Themenführerschaft	
Frage 5	Verkaufs- bzw. Akquisitionswege	
Frage 6	relative Hochpreispolitik	
Frage 7	Gefühl	
Frage 8	rasch am Markt einführen	
Frage 9	20 % Ihres Gesamtumsatzes	
Frage 10	Image	
Frage 11	70 % technische Funktionalität	
Frage 12	Kundenbegeisterung	
Summe		

Verfeinerungsmöglichkeiten zum Innovations-Quick-Test für Handwerksbetriebe

Die vorangegangene Bewertungsmethodik kann insofern noch feiner abgestimmt werden, indem gewisse Fragen gewichtet werden. Es kann durchaus Sinn machen, einzelne Fragen höher oder geringer zu gewichten bzw. abhängig von der Innovation auch noch ergänzende Fragen vorzusehen. Der Einfachheit halber empfehlen wir jedoch, die 12 Fragen gleichgewichtet zu lassen, da diese Bewertungsmethodik den Vorteil hat, sehr einfach zu sein und trotz alledem für die Praxis weiterführende und wertvolle Entscheidungshilfen zu leisten.

Goldene Marketingregel Nummer 9:

Sie als Unternehmer und Ihre Kunden sind die wichtigsten Marktteilnehmer!

Damit das Marketing-Einfamilienhaus lebendig wird, braucht es Menschen. Die Eingangstür wird in diesem plakativen Beispiel als Symbol dafür herangezogen, um die Kunden, den Unternehmer sowie die Mitarbeiter darzustellen, die ein- und ausgehen. Natürlich ist die soziale Kontaktspanne bei einem Handwerksbetrieb in der Praxis größer, denn die Ein- und Ausgangstür benutzen auch Lieferanten, Behörden, Journalisten etc.

Nachdem die Zielgruppe des Handwerks, wie bereits in der Zukunftsthese 3 ausgeführt, die 35-Plus-Generation ist, nimmt dieses Kapitel vorwiegend Bezug auf die Rolle des Unternehmers und der Mitarbeiter.

Das Handwerk ist ein vollkommen zu Unrecht massiv unterschätzter Wirtschaftsfaktor, da er flexibel, innovativ und sozial ist. Sie sind nicht nur Wegbereiter für neue Entwicklungen, sondern sind vielfach auch selbst Entwickler von praxisnahen Lösungen. Dem Handwerk gehörte die Vergangenheit und wieder die Zukunft.

Kersten Viehmann, Bundesinnungsgruppe Metall-Elektro-Sanitär, Wien

Innovationen
echte – psychologische – 08/15
Kunden
Chef
Mit-
arbeiter
Produkt- und Dienstleistungsangebote
Qualität • Verpackung • Design

Die Rolle des Unternehmers bzw. der Unternehmerin im eigenen Handwerksbetrieb

Fakt ist, dass in einem durchschnittlich großen Handwerksbetrieb, der sechs Mitarbeiter zählt, der Chef mit seinem Aufgabenspektrum nahezu ein „Wunderwuzi" sein muss, wenn er erfolgreich sein will. Wo in mittleren und großen Unternehmungen sich unterschiedliche Führungskräfte die Aufgaben Einkauf, Produktion, Investition, Marketing, Finanzen und Administration aufteilen, hat der Handwerksunternehmer all diese Rollen mehrheitlich persönlich wahrzunehmen.

Nachdem 80 % der Handwerksbetriebe Familienunternehmen sind, kommt der Ehefrau in der Aufgabenteilung zwischen den beiden Unternehmern, nämlich Mann und Frau, eine zentrale Rolle zu. So ist die Unternehmerin meistens für Administration, Buchhaltung, Finanzierung, Controlling und Personaleinstellung sowie Personalführung und auch Entlohnung zuständig. Des Weiteren übernimmt sie auch die Rolle der emotional ausgleichenden und kommunizierenden Gefäße. Der Unternehmer als Chef ist mehrheitlich für Einkauf, Produktion, Verkauf verantwortlich und trifft in Absprache mit der Unternehmerin bzw. Hausbank die diesbezüglichen Investitionsentscheidungen.

Folgende wertvolle Erkenntnisse lassen sich für die Unternehmensführung Bezug nehmend auf die Rollenverteilung zwischen den Unternehmern ableiten:

- Erfolgreiche Handwerksbetriebe achten auf ein schlankes Kostenpaket, insbesondere bei Investitionen. Immer mehr Tischler bzw. Schreiner organisieren den gemeinsamen Ankauf von Hochleistungsproduktionsmaschinen, um sie auf der einen Seite gemeinsam nutzen zu können und auf der anderen Seite im Sinne eines Fixkostensplittings anteilig zu finanzieren. Eine ähnliche Entwicklung ist in einer noch viel konservativeren Branche erkennbar, nämlich in der Landwirtschaft. Maschinenringe, die noch vor 20 Jahren undenkbar waren, gewinnen immer mehr an Bedeutung. Sehr kostenintensive Geräte wie Mähdrescher, große Traktoren etc. werden in einer Einkaufsgemeinschaft angeschafft und dieser Maschinenpark inklusive Dienstleistung wird zu betriebswirtschaftlich vernünftigen Preisen allen Beteiligten angeboten. Das „Kirchturmdenken" nach dem Motto: „Der eine Landwirt hat sich einen neuen Traktor gekauft, daher muss der andere Landwirt sich auch einen anschaffen" hat mehrheitlich ausgedient. Gleiches gilt auch für das Handwerk.

- Viele Handwerksbetriebe verlieren beachtliches Geld, da die einzelnen Montageteams nicht selten zu wenig effizient ihren Arbeitstag planen, auf der Baustelle Mäßigkeit in ihrer Leistung an den Tag legen und auch zu wenig kontrolliert werden. Gemeinsame Zielvereinbarungen, Stichprobenkontrollen und ein leicht nachvollziehbares, aber wirksames Controllingsystem sind in der Personalführung sowohl im Außendienst wie auch bei Montagetrupps unerlässlich.

- Die beste Führungsart ist die, die Vorbildwirkung hat. Diese muss vom Chef bzw. von der Chefin ausgehen und positiv auf ihre Mitarbeiter abstrahlen. Die Lerntheorie lehrt uns, dass nicht nur Kinder, sondern auch Erwachsene durch Imitations- und Kopierverhalten von Vorbildern am meisten lernen. Sind daher der Unternehmer bzw. die Unternehmerin im weitesten Sinn gute Vorbilder, so wird das nicht nur durch sehr motivierte Mitarbeiter reflektiert werden, sondern auch die Unternehmenskultur nachhaltig positiv formen.

- Selbstmotivation und Selbstverantwortung sind zwei notwendige Tugenden, die für alle im Handwerksbetrieb gelten müssen, unabhängig von der zu erfüllenden Aufgabe und Hierarchie.

Die Rolle der Mitarbeiter im Handwerksbetrieb

Um eine Top-Leistung erbringen zu können, sind im Wesentlichen drei Faktoren in diesem Zusammenhang bestimmend. Der Handwerksbetrieb braucht fähige und motivierte Mitarbeiter. Die Mitarbeiter brauchen wiederum die notwendigen Ressourcen bzw. Arbeitsmittel, damit sie vor Ort ihre Tätigkeit optimal erbringen können.

In der Personalauswahl bzw. bei der Personaleinstellung und der darauf folgenden Beobachtung des Mitarbeiters zeigt sich relativ rasch, ob dieser die Fähigkeit besitzt, seine Aufgaben erfolgreich zu erfüllen. Daher ist die Fähigkeitsfrage innerhalb von wenigen Wochen für die Personalführung erkennbar.

Wesentlich komplexer ist der zweite Faktor, der da heißt Motivation bzw. Bereitschaft des Mitarbeiters, das Beste für das Unternehmen zu leisten. Hier kann die Anreiz-Beitrags-Theorie eine wertvolle Unterstützung für die Praxis liefern.

Ein Mitarbeiter wird dann eine überdurchschnittlich hohe Leistungsmotivation für das Unternehmen aufbringen, wenn er zum einen attraktive Anreize vorfindet und zum anderen es verinnerlicht hat, dass er Top-Leistungen im Namen des Unternehmens vor Ort beim Kunden erbringen muss. Diese Geisteshaltung und Einstellung sind Grundvoraussetzungen für eine funktionierende Basisleistungsmotivation. Wenn diese gegeben ist, dann zeigen uns die Verhaltenswissenschaften auf, dass der wirkungsvollste Anreiz für einen Mitarbeiter nicht der Lohn bzw. das Gehalt, sondern eine interessante Aufgabe ist, die er bewältigen kann bzw. darf.

Dazu braucht der Mitarbeiter natürlich materielle Ressourcen wie zB das richtige Werkzeug oder Fahrzeug, aber auch immaterielle Ressourcen, die ihn vor Ort beim Kunden kompetent auftreten lassen. Eine Grundentscheidungsfreiheit bei wichtigen und weniger

MOREMEDIA - IT´S MORE
ZOOM
DAS MARKETING- UND AUSBILDUNGSKONZEPT FÜR IHREN FRISEURSALON.
GOLDWELL UNTERSTÜTZT SIE MIT DEM ZOOM-CONCEPT BEI DER:
- AUSARBEITUNG INDIVIDUELLER WERBEMASSNAHMEN
- ENTWICKLUNG NEUER IDEEN UND DIENSTLEISTUNGSANGEBOTEN
- INTERNETKONZEPTION UND -GESTALTUNG
- SCHULUNG UND FORTBILDUNG IHRES TEAMS
- UND VIELES MEHR...
NÄHERE INFORMATIONEN ERHALTEN SIE BEI IHREM GOLDWELL VERKAUFSBERATER ODER UNTER 0732/385721-0
GOLDWELL
CLOSER TO STYLISTS. CLOSER TO HAIR.
WWW.GOLDWELL.AT

wichtigen Aufgaben vor Ort, die wenn überhaupt nur einen kurzen Rückruf beim Vorgesetzten bzw. beim Unternehmer notwendig machen, stellen hohe Anreizpotenziale für den Mitarbeiter dar, um eine überdurchschnittlich hohe Leistungsmotivation zu erbringen.

Dem Mitarbeiter muss aber auch klar sein, dass eine Spitzenleistung beim Kunden nur dann erbracht werden kann, wenn er seine relative Entscheidungsfreiheit verantwortungsbewusst nutzt. Im Wesentlichen ist eine hohe Sensibilität im Kostenbewusstsein beim Mitarbeiter laufend wachzuhalten, da dies eine wichtige Grundvoraussetzung für eine gewinnorientierte Unternehmensführung ist.

Leben gibt es nur in autobiografischer Art, jeder ist einmalig! Nicht: Gleichschritt – Marsch!

Thomas Lobensteiner, Leiter des Trainingszentrums der deutschen Bundespolizei in Berchtesgaden

Goldene Marketingregel Nummer 10:

Der Verkauf ist ein substanzieller Lebensnerv jedes Unternehmens!

Der Verkauf ist die größte vom Menschen geleistete Kraft, die die Wirtschaft in Gang hält. Ein Unternehmen lebt nicht von der Administration, Buchhaltung oder vom Controlling, sondern essenziell vom Verkauf. Oder anders gesagt: Der Verkauf ist ein wesentlicher Lebensnerv jedes Unternehmens und wird daher in unserem plakativen Beispiel des Marketing-Einfamilienhauses als erstes Fenster eingesetzt.

In vielen Handwerksbetrieben ist der persönliche Verkauf Chefsache, in größeren Handwerksbetrieben werden Verkäufer bzw. eine eigene Verkaufsabteilung vorzufinden sein. In 70 % der Handwerksbetriebe ist der persönliche Verkauf eher Nebensache. Die Qualitätshandwerksleistung am Produkt steht deutlich im Vordergrund. Oder anders gesagt: Studien zeigen, dass nur 30 % der Handwerksbetriebe ein offensives Marketing und einen aktiven Verkauf betreiben. 70 % der Handwerksbetriebe – über alle Branchen gerechnet – warten mehr oder weniger darauf, dass der Kunde „mit Auftrag droht", sozusagen auf den Handwerksbetrieb zugeht. Diese Methode funktioniert in Hochkonjunkturzeiten. In Phasen, in denen die Märkte stagnieren oder nur wenig wachsen, ist es ein gefährliches unternehmerisches Unterfangen.

Grundsätzlich sind für einen verkaufsorientierten Handwerksbetrieb folgende fünf Bereiche besonders wichtig.

- Der richtige Verkäufertyp soll das Unternehmen bereichern.
- Die Konzentration auf die kundenorientierte Nutzen- und Vorteilspräsentation im Verkaufsgespräch ist ein absolutes Muss.
- Die Fragetechnik im Verkaufsgespräch soll bewusst und pointiert eingesetzt werden.
- Das Verkaufsgespräch wird richtig strukturiert, auch auf die Verkaufsgesprächvorbereitung wird großer Wert gelegt.
- Das Kostenbewusstsein im Verkauf wird täglich geschärft.

Der richtige Verkäufertyp für den Handwerksbetrieb

Dieser zeichnet sich im Wesentlichen durch folgende Eigenschaften aus.

- Der Verkäufer hat ein ausreichendes Hintergrundwissen über die Leistungen, die der Handwerksbetrieb anbietet, muss aber kein Fachexperte im Detail sein.
- Er nimmt im Verkaufsgespräch auf den Sender- und Empfängereffekt Rücksicht. Flexibilität, sich auf unterschiedliche Zielgruppen einzustellen, ist eine Grundvoraussetzung für einen Top-Verkäufer. Ein Advokat oder Jurist ist im Verkaufsgespräch anders zu behandeln als ein einfacher Angestellter oder Arbeiter. Sicher ist, dass beim Sender- und Empfängereffekt die Regel gilt, dass Kaufentscheidungen zu 80 % emotional und nur zu 20 % rational getroffen werden.

  Das heißt: Die Beziehungsebene zwischen Verkäufer und Käufer ist von außerordentlicher Bedeutung. Im Endverbraucherbereich gilt, dass zu 80 % die Frau für das jeweilige Angebot des Handwerksbetriebes zu gewinnen ist, zu 20 % ist der Mann in den Fokus der Verkaufsbemühungen zu stellen.
- Ein Top-Verkäufer zeichnet sich dadurch aus, dass er wenig spricht, viel fragt und ein Meister im Zuhören ist. Die synchrone Körpersprache zum Kunden schafft Vertrauen. Nonverbale Signale wie Kopfnicken oder geöffnete Hände etc. bringen oft mehr als langatmige Sätze.
- Von der persönlichen Disposition her betrachtet, muss der Verkäufer Freude im Umgang mit Menschen haben und darf keine Hemmschwelle haben, Aufträge zu schreiben. Das größte Glücksgefühl im Business erlebt ein Verkäufer dann, wenn der

Auftrag unterschrieben ist. Rund ein Drittel der Verkäufer leidet unter Abschlussschwäche.

- Er muss flexibel und lernwillig sein, das heißt: Pro Jahr sollte ein Top-Verkäufer mindestens drei bis fünf Schulungen machen, wovon zwei bis drei Produktschulungen und zwei bis drei Verkaufsschulungen sein sollten.
- Ein sympathisches Auftreten, eine Prise Humor und eine gute Etikette, insbesondere bei den A- und B-Kunden, werden tendenziell wieder wichtiger.

Nirgends in Europa haben wir ein solch hohes und differenziertes Ausbildungsniveau, wie dies das deutsche Handwerk aufweisen kann. Viele Anbieter fürchten aber die Konkurrenz aus Billiglohnländern. Zum anderen werden auch immer mehr hochwertige und maßgeschneiderte Dienstleistungen nachgefragt. Dies ist die Chance für das deutsche Handwerk.

Klaus Schlicht, Business Unit Leader WORKWEAR,
W.L. Gore & Associates GmbH, München/Putzbrunn

Die Konzentration auf die Nutzen- und Vorteilspräsentation im Verkaufsgespräch

Grundsätzlich gilt hier folgender Ansatz: Sie verkaufen kein Produkt, sondern ideale Lösungen für Ihre Kunden. Ein Top-Verkäufer überredet nicht, sondern überzeugt. Die Nutzen- und Vorteilsorientierung dabei ist substanziell.

- Ein Top-Verkäufer verkauft keine Bohrmaschine, sondern saubere Löcher in der Wand.

- Ein Spitzenverkäufer verkauft keine Bademode, sondern das Gefühl, am Strand umworben zu werden.
- Ein Top-Zimmereibetrieb verkauft keinen 08/15-Dachstuhl, sondern das Gefühl der Freiheit, der Geborgenheit, der Natürlichkeit, der Schönheit beim Anblick des in hell gehaltenen, massiven Dachstuhls, der noch dazu sichtbar ist.

Die strategische und taktische Frage heißt daher: Welche drei bis fünf Nutzenarten bzw. Vorteile kann der Verkäufer dem Kunden anbieten, um ihn damit zu begeistern?

Damit dies gelingt, ist eine feine Sensorik des Verkäufers notwendig, damit er aus der Palette von etwa 20 bis 25 Vorteilen, die er pro Produkt bzw. Dienstleistung wissen muss, die richtigen drei bis fünf Argumente für den speziellen Kunden auswählt.

Die Fragetechnik im Verkaufsgespräch – ein absolutes Muss für einen Top-Verkäufer

Wie bereits eingangs erwähnt, braucht ein Top-Verkäufer viele Informationen über die Wünsche des Kunden, seine Einstellungen und seine kritischen Meinungen, die zu einem Killen des Handwerksangebotes führen könnten. Um zu den wesentlichen Informationen vorzustoßen, muss daher ein Top-Verkäufer ein Meister in der Fragetechnik sein.

Die Praxis zeigt es immer wieder, dass die fünf Fragearten, die dabei von Bedeutung sind, wohl bekannt sind, aber im Alltagsgeschäft bei mangelndem Training zum Teil schlampig oder nur oberflächlich angewendet werden.

Nachfolgend daher die Fragetechniken, die auf die unterschiedlichen Fragearten Bezug nehmen inklusive einiger ausgewählter Beispiele.

Offene Frageart

Sie beginnt mit einem Fragefürwort, wie zum Beispiel was, wer, wo, wie, wann, wieviel, warum, wozu etc. Der Vorteil im Rahmen der offenen Fragen ist, dass der Käufer oder Interessent dem Verkäufer jede Menge Informationen gibt. Diese Frageart eignet sich ausgezeichnet, Ihr Vis-a-Vis ins aktive Gespräch zu führen. Offene Fragen, die sich in der Praxis bewähren, sind unter anderem:

- „Was darf ich Ihnen zeigen?"
- „In welcher Preisklasse haben Sie sich den Wintergarten vorgestellt?"
- „Welche Art des Energiemixes hätten Sie gerne in Ihrem Einfamilienhaus?"

Geschlossene Fragen

Diese zeichnen sich dadurch aus, dass sie entweder mit einem Zeitwort oder Hilfszeitwort beginnen. Der Interessent oder Käufer wird in der Regel entweder mit Ja oder mit Nein antworten. Der Vorteil dieser Fragetechnik ist, dass Sie klare Antworten bekommen, der Nachteil ist, Sie bringen Ihr Vis-a-Vis nicht ins aktive Gespräch. Folgende Beispiele dazu:

- „Kennen Sie unser neues Wartungsserviceangebot?"
- „Darf ich Ihnen kurz drei Beispiele von neuen Haarschnitten und Farbtönen zeigen, die sehr attraktiv und trendy wirken?"
- „Möchten Sie ein paar Beispiele von schönen Wandmalereien sehen, die das Design von Badezimmern sehr gelungen untermalen?"

Alternativfragen

Meister der Fragetechnik setzen die Alternativfragen ganz gezielt ein. Der Eiskonditor lehrt seinen Verkäuferinnen dahingehend eine Mehrwertverkaufsstrategie, die da heißt: „Möchten Sie drei oder zwei Eiskugeln?"

Am Würstelstand fragt eine Top-Verkäuferin nicht: „Möchten Sie etwas trinken?" Sondern sie fragt: „Wollen Sie ein Cola oder ein Bier?"

Im Handelsbereich und im B2B-Bereich wird die alternative Fragetechnik gerne nach dem Schock- und Lockprinzip angewendet, das da heißt: Soll ich zehn Lkw-Fuhren Ziegel oder fünf für Ihr Unternehmen aufschreiben?

Die Alternativfrage hat den Vorteil, dass der Verkäufer nicht mehr die Frage stellt, ob der Kunde überhaupt kaufen will, sondern er stellt ihm zwei Alternativen zur Auswahl. Alternativfragen eignen sich exzellent für die Abschlussphase im Verkaufsgespräch.

Kontroll- oder Bestätigungsfragen

Hier kann man als Verkäufer ganz gezielt etwas vom direkten Verkaufsgespräch ablenken, um das Gespräch zu entspannen und gleichermaßen höflich zu wirken.

Folgende Beispiele dazu:

Während des Verkaufsgesprächs stellt der Verkäufer einfach die Frage:

„Sitzen Sie bequem?"

Sofern dieser im Unternehmen des Handwerksbetriebs anwesend ist. Oder:

„Darf es noch eine Tasse Kaffee sein?“ oder „Gefällt Ihnen dieses Beispiel, das ich Ihnen gezeigt habe?“

Wobei hier der Verkäufer bereits mit hoher Wahrscheinlichkeit ein Ja als Antwort erwartet.

Kontroll- und Bestätigungsfragen haben den Vorteil, das Verkaufsgespräch zu entspannen, aufzulockern und Vertrauen zu bilden.

Suggestivfragen

Hier wird die Antwort dem Käufer bereits mit der Frage in den Mund gelegt. Davor ist absolut zu warnen. Formulierungen sind beispielsweise:

„Sie sind doch auch sicher meiner Meinung, dass ...“ oder:

„Wahrscheinlich sehen Sie das auch so wie ich, dass ...“

Nachdem im Verkauf das Motto gilt „Das höchste Gut ist das Vertrauen“ ist vor Suggestivfragen absolut zu warnen. Seriöse und erfolgreiche Verkäufer lehnen diese Frageart zu Recht ab.

Wer nicht selber handelt, wird behandelt!

Dr. Wolfgang Schwarz, Hauptgeschäftsführer des Fachverbandes Sanitär-, Heizungs- und Klimatechnik Bayern, München

Die Phasen des Verkaufsgespräches

Grundsätzlich gibt es fünf Phasen im Verkauf, die in der nachfolgenden Tabelle dargestellt werden. Auch hier gilt, dass die Fragetechnik neben einer kompakten Präsentation der Vorteile und der überzeugenden Argumente, die den Kunden begeistern sollen, die wichtigste Methodik darstellt.

Eine besonders kritische Masse stellt die Abschlussphase dar. Es gibt Verkäufer, die in den ersten vier Phasen exzellente Meister sind, aber in der Abschlussphase versagen. Ein Top-Verkäufer ist nur dann einer, wenn er eine dementsprechend hohe Abschlussquote hat. Im Endverbraucherbereich sollte ein Top-Verkäufer eine Abschlussquote von 50 % oder mehr haben. Im B2B-Bereich eine Abschlussquote von 35 % oder mehr ausweisen können.

Nachfolgend dazu die Übersicht über die wichtigsten Phasen eines Verkaufsgesprächs.

Abschnitte eines persönlichen Verkaufsgesprächs für das Handwerk

Phasen	Begrüßung & Gesprächs-eröffnung	Informations-phase inkl. Bedarfserhebung	Präsentations-phase	Argumentations-phase	Abschluss-phase
Ziel	Sympathie & Interesse wecken	Wünsche erkennen Vertrauen schaffen	Vorteile des Angebotes und des HW-Betriebes hervorstreichen	Entscheidungs-alternativen anbieten	tatsächlicher Kauf Aktion
Methode	kreativer persönlicher Einstieg	Fragetechnik	Problemlösung & zielgruppen-orientierte Vorteile anbieten	Argumentations- und Frage-technik	alternative Fragetechnik
Zeitaufwand	5 %	55 %	15 %	20 %	5 %

Das Kostenbewusstsein

Verkäufer im Außendienst sind Menschen, die die Freiheit lieben. Dies entspricht nicht immer einem geschärften Kostenbewusstsein, zumal die Tourenplanung, der Zeitaufwand beim Kunden im Rahmen eines Verkaufsgesprächs, aber auch die Kosten eines Verkäufers in Summe sehr oft unterschätzt werden.

Gerade im Verkauf ist es wichtig, zumindest einmal im Monat die wichtigsten Kostenkennziffern zu besprechen, um eine dementsprechende Produktivität und ein geschärftes Kostenbewusstsein laufend in Erinnnerung zu halten. Grundsätzlich gilt, dass ein Verkaufsbesuch beim Kunden zwischen 500 und 1.000 Euro kostet.

Ziel sollte es daher sein, zumindest beim zweiten Besuch den potenziellen Kunden in den Handwerksbetrieb einzuladen, um zum einen Kosten zu sparen und zum anderen auch die Identifikation mit dem Unternehmen zu erhöhen.

Des Weiteren sollte jeder Handwerksbetrieb bei seinen Verkäufern folgende Kennziffern besonders in den Vordergrund der Betrachtungsweise rücken:

- Anzahl der Kundenbesuche pro Monat
- Abschlussquote pro Kundenbesuch in Anzahl und Prozent
- Fahrtkosten und Spesenersätze pro Monat
- Repräsentations- und Werbekosten pro Monat
- Durchschnittlicher Auftragswert in Euro
- Gesamtumsatz und Spanne pro Monat bzw. erwirtschafteter Deckungsbeitrag pro Verkäufer

Bei aller Notwendigkeit von Controllinginstrumenten im Verkauf sei abschließend jedoch darauf hingewiesen, dass Top-Verkäufer in der Regel überzogene administrative Arbeiten ablehnen. Diese wirken auf sie demotivierend.

Es ist daher ein gesundes Maß notwendig, das auf der einen Seite eine straffe bei gleichzeitig lockerer Führung des Verkaufs im Handwerksbetrieb ermöglicht und auf der anderen Seite die Entfaltungsmöglichkeit des Top-Verkäufers gleichermaßen fördert.

Goldene Marketingregel Nummer 11:

Streichen Sie mit phantasievoller Werbung die Schokoladenseite Ihres Unternehmens hervor!

Das zweite Fenster in unserem plakativ gewählten Einfamilienhaus stellt die Werbung für Ihren Handwerksbetrieb dar. Folgende Werkzeugkiste steht dem Unternehmer zur Auswahl zur Verfügung:

- Das persönliche Direktmarketing
- Die Inseratenwerbung
- Das Internet
- Die Plakatwerbung
- Die Kooperationswerbung
- Regionale TV- und Rundfunk-Werbesendungen
- Sport-/Kultursponsoring
- Sonstiges

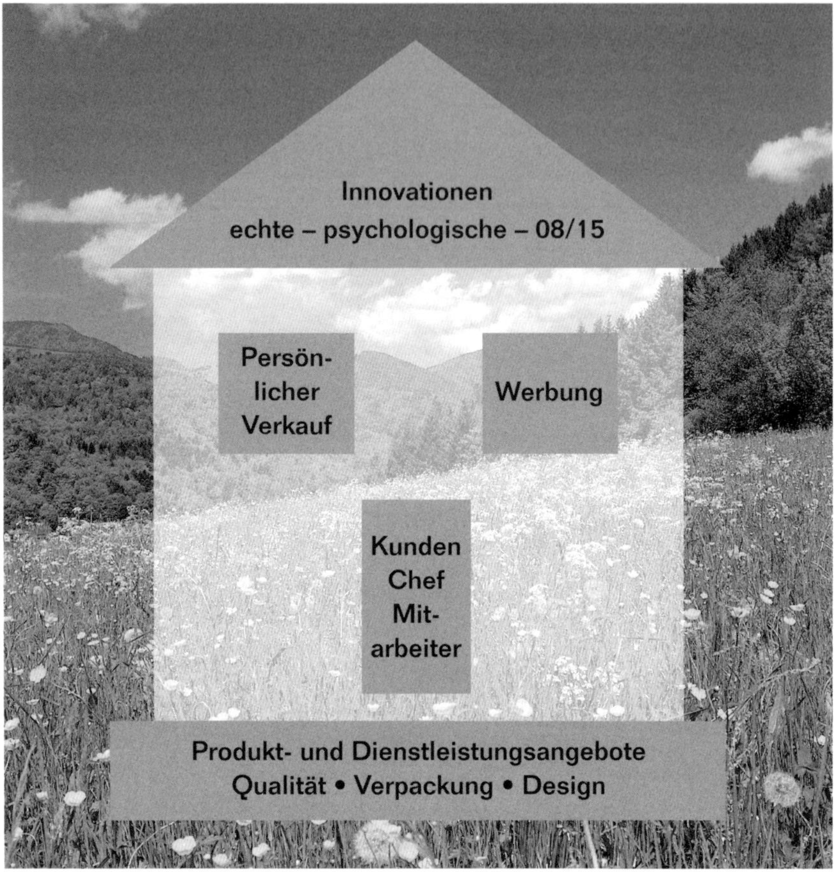

Im Wesentlichen ist die Werbung in zwei Bereiche zu unterteilen. Erstens in die verkaufsorientierte Werbung, die dem Handwerksbetrieb kurz- und mittelfristig hilft, Umsatzzuwachsraten zu erzielen. Die besten Instrumente dafür sind das Direktmarketing, das bereits im Teil der Zukunftsthesen abgehandelt wurde, die Verkaufsförderung und teilweise auch die Kooperationswerbung. Der zweite Bereich in der Werbung ist der Aufbau von Image bzw. die Pflege des Images für den Handwerksbetrieb. Mit dieser Art der Werbung wird das Unternehmen kaum kurzfristige Umsatzwachstumsraten erzielen können.

Daher gilt folgender Grundsatz: In konjunkturschwächeren Zeiten wird eher die verkaufsfördernde Werbung forciert, in wirtschaftlich guten bzw. besseren Zeiten wird verstärkt auf Imagewerbung gesetzt. Die dafür geeigneten Instrumente sind die Inseratwerbung, das Internet, die Plakatwerbung sowie regionale Rundfunk- und TV-Werbesendungen und das Sponsoring in allen Ausprägungen. Die Kooperationswerbung eignet sich hervorragend insbesondere dann für die Imagewerbung, wenn eine Kostenteilung zwischen den Partnern gemacht wird, welche in der Praxis auch üblich ist.

Für beide Arten der Werbung gilt eine robuste Formel, die für den Handwerksunternehmer eine wertvolle Hilfe darstellt, um die Qualität seines Werbeauftrittes zu testen. Hier handelt es sich um die AIDA-Regel, die vier Fragestellungen zum Qualitätstest für den bestehenden oder den geplanten Werbeauftritt beinhaltet:

A – Attention:
Schafft der Werbeauftritt Ihres Handwerksbetriebs bei Ihrer Zielgruppe eine dementsprechende Aufmerksamkeit?

I – Interest:
Erzeugt die Werbung bei Ihren Kunden Interesse für Ihren Handwerksbetrieb?

D – Desire (Wunsch):
Aktiviert Ihre Werbung den Wunsch bei Ihrer Zielgruppe, sich mit Ihrem Handwerksbetrieb näher zu beschäftigen bzw. Produkte oder Dienstleistungen anzufragen bzw. zu kaufen?

A – Action:
Führt Ihre Werbung zu effektiven Handlungen bei den potenziellen Kunden, nämlich sich von Ihrem Handwerksbetrieb ein Angebot

machen zu lassen bzw. Produkte oder Dienstleistungen zu kaufen?

Schafft es beispielsweise Ihre Werbung nicht, Aufmerksamkeit zu erregen, sind die Folgestufen der AIDA-Regel nicht erreichbar.

Wie Aufmerksamkeit erzielt werden kann, hängt vom beabsichtigten Werbestil ab. Ein Handwerksbetrieb sollte unbedingt einen authentischen, sympathischen und innovativen Werbestil anstreben, der den Bekanntheitsgrad pflegt bzw. steigert. Nachfolgende konkrete Tipps für vier Werbemittel, die im Handwerksbereich oft eingesetzt werden, sollen weitere praxisorientierte Erkenntnisse liefern.

Die handwerklichen Fähigkeiten nehmen seit der Nachkriegsgeneration und mit steigender Großstadtnähe rapide ab! Hoffentlich schafft dieses Buch den Turnaround bei diesem Megatrend!

Dr. Fritz Pesendorfer, Geschäftsführer der Novoferm GmbH, Gänserndorf

Das Inserat

Für die Anzeigenwerbung gilt, dass sie mehrheitlich mittel- und langfristig wirkt, aber nicht kurzfristig und kaum verkauft. Inserate sind dafür geeignet, den Bekanntheitsgrad, den Sympathiewert, den regionalen Markenwert sowie Imageaspekte zu pflegen bzw. zu steigern. Voraussetzung ist eine kontinuierliche und konsequente Anzeigenwerbung, die mindestens fünf Jahre in Serie geschaltet wird.

Für die Anzeigengestaltung können folgende wirkungsvolle, ausgewählte Empfehlungen gegeben werden:

- Die Farbe wirkt stärker als die Größe der Anzeige. Machen Sie das Inserat lieber färbig und dafür kleiner – wenn aus Kostengründen notwendig – anstelle dass Sie ein größeres Format nur in Schwarzweiß schalten.

- Verzichten Sie unbedingt auf reine Textinserate. Ein Bild sagt mehr als tausend Worte. Eine Anzeige, will sie wirken, braucht ein Bild, eine klare Überschrift sowie den Absender bzw. das Logo Ihres Handwerksbetriebes.
- Drei bis fünf kompakte Aussagen zu Ihrem Unternehmen bzw. Produkt sind ausreichend!
- Die durchschnittliche Betrachtungsdauer einer Anzeigenwerbung liegt bei zwei bis fünf Sekunden, vorausgesetzt Ihr potenzieller Kunde wurde im Sinne der AIDA-Regel auf das Inserat aufmerksam.
- Die rechte Seite ist für die Inseratwerbung besser als die linke, die obere Seitenhälfte wirkt stärker als die untere.

Das Plakat

Dieses Werbemedium wird primär von der jungen Zielgruppe bis 30 Jahre und von mobilen Menschen genutzt. Die durchschnittliche Betrachtungsdauer eines 16- bzw. 24-Bogen-Plakates liegt bei zwei Sekunden.

Daher können nur einfache Botschaften mittels Plakat transportiert werden: eine plakative Überschrift, das Logo des Handwerksbetriebes, ein dazupassendes Bildmotiv. Mehr Inhalte kann die Plakatwerbung in der Regel nicht transportieren. Ein Friseurbetrieb, der die junge Zielgruppe im Fokus hat, kann mit dem Plakat durchaus sehr gute Werbeerfolge erzielen. Hat der Handwerksbetrieb jedoch als Kernzielgruppe die 35-Plus-Generation, so ist das Plakat als Werbemedium eher ungeeignet.

Die Rundfunkwerbung

Radiowerbung hat den Vorteil, dass der Handwerksbetrieb sehr rasch seinen Bekanntheitsgrad kostengünstig steigern bzw. aktuelle Themen platzieren kann. Für den Transport von komplexen Werbebotschaften ist die Rundfunkwerbung nicht geeignet.

Das Internet

Die hohe Erwartungshaltung, dass sich die beachtlichen Investitionen in den Internetwerbeauftritt eines Handwerksbetriebes positiv auf die Verkaufszahlen niederschlagen, hat sich nicht bestätigt. Das Institut für Marketing und Trendanalysen hat vor diesem Irrtum immer gewarnt. Fakt ist, dass jeder Handwerksbetrieb eine Internetplattform braucht, um sein Unternehmen zu präsentieren, damit sich die Kunden über den Handwerksbetrieb informieren bzw. die Kontaktadresse ausfindig machen können. Ein Wintergarten, eine Farb- und Stilberatung im Friseurgewerbe oder eine Renovierung bzw. Sanierung ist als Handwerksleistung im Internet jedoch unverkäuflich.

Fazit

Trotz kleiner Werbebudgets können Handwerksbetriebe in ihrer Region einen wirksamen und attraktiven Werbeauftritt entwickeln und umsetzen. Der Werbemix sollte dabei sowohl die image- als auch die verkaufsfördernde Werbung umfassen. Ein zukunftsorientierter Handwerksbetrieb gibt 1 bis 2,5 % seines Jahresumsatzes für Werbung und Verkaufsförderung aus.

Goldene Marketingregel Nummer 12:

PR und Öffentlichkeitsarbeit sind stark unterschätzte Kommunikationsreserven in vielen Handwerksbetrieben!

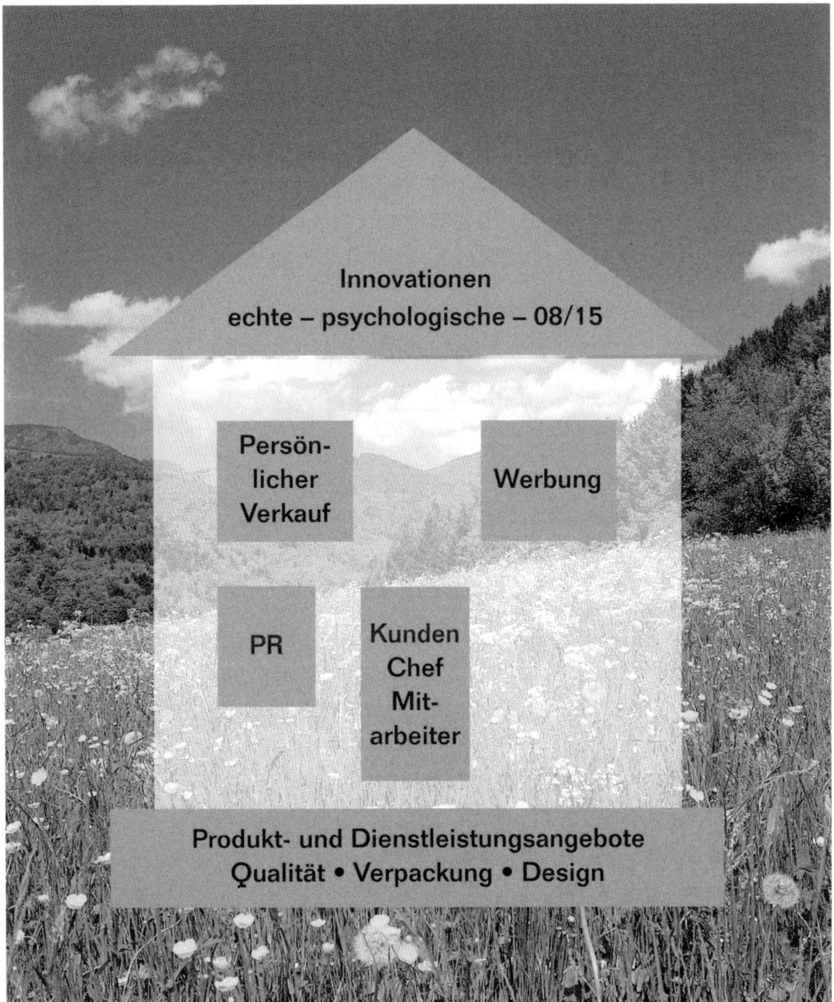

Das Angenehme vorweg. PR, also Public Relations bzw. Öffentlichkeitsarbeit, kostet dem Unternehmer kein Geld. Eine Gratisberichterstattung in einzelnen Medien zu bekommen, ist jedoch nur dann wahrscheinlich, wenn folgende Anforderungen erfüllt werden:

- Der Handwerksbetrieb hat Neues und Einzigartiges zu berichten. Hier spannt sich der Bogen von Innovationen über Firmenjubiläen, Ehrungen oder Top-Aufträge, die das Unternehmen feiern bzw. abschließen konnte.
- Die Unterlagen wie Fotos, Kurztexte inklusive der Hervorhebung des Neuigkeitsgrades im Rahmen der Berichterstattung sollten den Journalisten zur Verfügung gestellt werden.
- Nachdem Reporter in der Regel unter enormem Zeitdruck stehen, ist es zielführend, wenn der Unternehmer aktiv mit den wesentlichen Medien bzw. Journalisten telefonisch Kontakt sucht, um die gewünschte PR-Berichterstattung zu bekommen.
- Bei den sehr renommierten Medien ist es empfehlenswert, ein persönliches Gespräch mit dem Journalisten zu vereinbaren. Von einer Pressekonferenz eines Handwerksbetriebes, der im Durchschnitt sechs Mitarbeiter hat, ist grundsätzlich abzuraten.
- Nach der Reportage sollte ein kurzes Danke-E-Mail bzw. ein Dankeschönbrief an das Medium abgesandt werden.

Goldene Marketingregel Nummer 13:

Die Verkaufsförderung wird tendenziell wichtiger als die klassische Werbung!

Die Verkaufsförderung unterscheidet sich von der klassischen Werbung dahingehend, dass sie kurzfristig wirkt mit dem Ziel, innerhalb weniger Wochen bzw. Monate den Umsatz im Unternehmen über unterschiedliche Aktivitäten und Aktionen zu erhöhen. Im Wesentlichen werden dabei drei Arten von Verkaufsförderung unterschieden:

- Die kundenorientierte Verkaufsförderung

Bei dieser Art von Verkaufsförderung kann beispielsweise ein Handwerksbetrieb seinen potenziellen Kunden im Zuge einer Direktmarketing-Aussendung Gutscheine bzw. Schecks zur Verfügung stellen, die diesen beim Bezug der nächsten Handwerksleistung eine effektive Geldersparnis eröffnen.

- Die kooperationsorientierte Verkaufsförderung

Hier arbeitet beispielsweise der Handwerksbetrieb mit einem namhaften Lieferanten, dem Verband oder anderen Organisationen zusammen, um im Rahmen einer regionalen Hausmesse die neueste Top-Innovation den potenziellen Kunden vorstellen zu können. Eine Kostenaufteilung zwischen den Kooperationspartnern, insbesondere zwischen Lieferanten und Handwerksbetrieb, ist üblich, der Verteilungsschlüssel wird in der Regel individuell ausverhandelt.

- Die betriebsinterne Verkaufsförderung

Diese kann sich beispielsweise an den Verkaufsinnendienst bzw. an den Verkaufsaußendienst des Handwerksbetriebes richten. Wenn ein Umsatz- bzw. Verkaufsziel X im Zeitraum Y erreicht bzw. übertroffen wird, gibt es eine Sonderbelohnung für die Mitarbeiter. Diese kann, muss aber nicht immer in Geldform als Prämie bzw. Provision erfolgen. Hier hat im Sinne der Motivationspraxis die Kreativität und Phantasie ein großes Betätigungsfeld. Im Handwerksbereich zählen insbesondere zur betriebsinternen Verkaufsförderung auch attraktive Verkaufs- und Präsentationsunterlagen. Fakt ist, dass 70 % der Verkäufer, die in Handwerksbetrieben tätig sind, erschütternd schlechte Verkaufs- und Präsentationsunterlagen haben. Hier gibt es einen akuten Handlungsbedarf.

In den USA ist der Trend erkennbar, dass die Verkaufsförderung bzw. Promotion, wie es dort heißt, weiter an Bedeutung gewinnt. Die klassische Werbung verliert tendenziell im Vergleich dazu.

Das Management ist die schöpferischste aller Künste. Es ist die Kunst, Talente richtig einzusetzen.

Ing. Helmut Brunner, Landesinnungsgeschäftsführer der Mechatronik, Wirtschaftskammer OÖ, Linz

Goldene Marketingregel Nummer 14:

Die Positionierung soll Ihren Handwerksbetrieb zu einer unverwechselbaren Persönlichkeit machen!

Eine der wesentlichen Erfolgsfaktoren im Handwerksmarketing ist, dem Unternehmen ein einzigartiges Profil zu geben. Ein richtig positionierter Betrieb hat Mut zu Kanten, die er am Markt lebt und auch bewirbt. Nur so kann der Handwerksbetrieb zu einer unverwechselbaren Persönlichkeit heranwachsen. Es gilt der Grundsatz: Durchschnitt ist out, ein kantiges Profil ist in. Das wollen die Kunden auch in Zukunft. Zielführend ist es dabei, die Kernthese 3.5 bei einer zukunftsorientierten Positionierung des Handwerksbetriebes zu berücksichtigen. Damit ist gemeint, dass drei bis fünf Aussagen mit Substanz, die aber auch Biss haben, dem Handwerksbetrieb ein unverwechselbares Profil verschaffen. Wesentlich dabei ist, dass diese drei bis fünf Kernaussagen positiv sind, ein hohes Maß an Aussagekraft und Attraktivität genießen und den Einzigartigkeitsanspruch bei der Zielgruppe erfüllen. Des Weiteren ist auch auf die wesentlichen Trends Rücksicht zu nehmen. Das heißt, die Positionierung muss auf nachhaltige zukünftige Entwicklungen aufgesetzt werden.

Ein Beispiel dazu aus der Politik: Der ehemalige bayerische Ministerpräsident Franz Josef Strauss lebte das Prinzip der unverwechselbaren Positionierung mit dem Mut, scharfe Kanten zu haben, wobei sein Grundsatz hier lautete: „Ich habe kein Problem, wenn mich ein Drittel der Bayern nicht mag und nicht wählt, wichtig ist, dass zwei Drittel mir ihre Stimme geben!"

Bis 2015 wird es für jeden Handwerksbetrieb eine Königsaufgabe sein, sich am Markt zukunftsorientiert und glasklar zu profilieren, um so als unverwechselbare Persönlichkeit von den Kunden wahrgenommen zu werden. Einen wesentlichen Beitrag dazu leisten natürlich die einzelnen Mitarbeiter, die die Positionierung mit Überzeugung leben müssen, sowie auch die Angebotsform des Handwerksbetriebes, die der Positionierung entsprechen muss.

Nachfolgend dazu ein Beispiel aus der Tischler-/Schreinerbranche aus Bayern.

Ein erfolgreicher Handwerksbetrieb mit Format, Franz Schroll GmbH, Chieming, www.franz-schroll.de

„Schreiner und mehr ..."

Nirgendwo in Deutschland kommen auf einen Einwohner so viele Schreiner wie im bayerischen Chiemgau. Verschärft wird die Marktsituation durch die starke Konkurrenz aus dem benachbarten Österreich. Als Schreinermeister Franz Schroll 1992 seinen Betrieb in Chieming/Fehling gründete, war ihm klar: Um Marktanteile im gehobenen Innenausbau zu erobern, muss er seinen Kunden mehr bieten als die zahlreichen Mitbewerber.

Firmenphilosophie:

„Kundenwünsche verstehen, Vertrauen aufbauen, Zufriedenheit vergrößern" – dieses Leitbild wurde in einem Workshop gemeinsam mit einem externen Berater und den Mitarbeitern erarbeitet. Ein pragmatisch formuliertes Regelwerk erleichtert die Umsetzung im Alltag, wobei Kunden- und Mitarbeiterzufriedenheit einen hohen Stellenwert haben: „Team-Harmonie ist für uns viel wichtiger als eine neue Maschine oder ein neuer Kunde, der letztlich gar nicht zu uns passt", erklären Marianne und Franz Schroll die familiäre und offene Atmosphäre. Dazu gehört, dass jeder Mitarbeiter entsprechend seinen Stärken eingesetzt wird. Denn wer Spaß an der Arbeit hat, so ihre Erfahrung, ist zufriedener und leistet mehr.

Alleinstellung:

Zuhören, auf die Persönlichkeit eingehen und ohne Zeitdruck nach individuellen Lösungen suchen – Schroll kümmert sich intensiv um seine Kunden, auch wenn das Beratungsgespräch manchmal bis Mitternacht dauert: „Viele unserer Kunden sind mittlerweile Freunde des Hauses geworden." Hauptzielgruppe sind die jungen Alten, „die sich das zweite Mal einrichten" und dafür durchschnittlich etwa 20.000 Euro investieren. Um auch den zahlreichen überregionalen Kunden ein persönliches Beratungs- und Planungsgespräch bieten zu können, haben die Chiemgauer das Konzept „Erholen & Planen" entwickelt: Während die Kunden in einer Ferienwohnung des zu Schroll gehörigen „Meisterhofs" vom Alltagsstress entspannen, bleibt genug Zeit, gemeinsam die neue Einrichtung zu planen. Und wer noch ein paar Tage Urlaub investiert, kann gerne zuschauen, wie seine Wunscheinrichtung entsteht.

Erscheinungsbild:

Schlicht, edel und durchgängig professionell: Mit dem Ahornblatt als Logo setzt Schroll auf einen Auftritt, der zur Region und dem exklusiven Selbstverständnis der Marke passt. Bestückt sind damit nicht nur Briefpapier, Fahrzeuge und Firmenkleidung, sondern auch die Trikots des „Schroll Lady Teams". Die Damen-Polo-Mannschaft, zu der mit Kundin Eva Brühl auch eine der weltbesten Spielerinnen zählt, transportiert das Image ihres heimischen Sponsors über den Chiemgau hinaus.

Markterfolg:

Mit dem Abschluss des Auftrags ist der Kundenkontakt noch nicht zu Ende. So wird die Zufriedenheit nicht nur schriftlich abgefragt, sondern es wird jeder Kontakt genutzt. Damit keine Information verloren geht, gibt es für jeden Kunden ein Datenblatt. Käufer und Interessenten erhalten vier Mal im Jahr eine Kundenzeitschrift sowie Einladungen zu Veranstaltungen. „Unser Ziel ist es, die Kunden ein Leben lang nicht mehr allein zu lassen", erklärt der Chiemgauer Unternehmer. Belohnt wird das Engagement durch eine Weiterempfehlungsquote von 70 Prozent – Tendenz steigend!

Heute zählt der Betrieb 11 Mitarbeiter. Der Schreinerbetrieb ist exklusiv, aber bodenständig. Marianne und Franz Schroll im bayerischen Chieming bieten ihren Kunden mehr als individuellen Innenausbau.

Goldene Marketingregel Nummer 15:

Achten Sie auf eine stimmige und synchronisierte Preispositionierung!

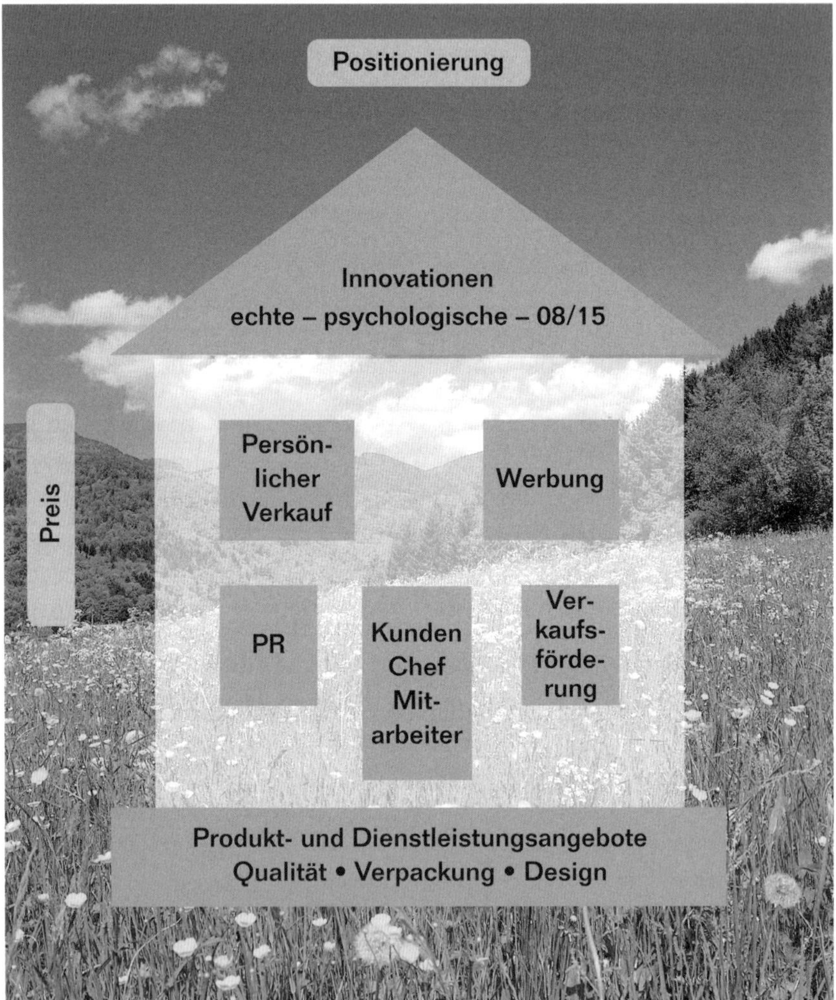

70 % der Handwerksbetriebe über alle Branchen haben das Image in der breiten Öffentlichkeit, aber auch bei der 35-Plus-Generation, dass sie relativ hochpreisig bzw. teuer sind. Gleichzeitig traut man aber den Handwerksbetrieben eine sprichtwörtliche Meisterqualität zu.

Ein Unternehmen ist wie ein lebender Organismus – entweder es passt sich dem sich ändernden Umfeld an, oder es stirbt ...

Martin Zagler , Baumeister, Geschäftsführer der artbau Zagler GmbH, Tresdorf

Strategisch ist es daher von Bedeutung, dass ein zukunftsorientierter Handwerksbetrieb in der Werbung, Verkaufsförderung, im Direktmarketing oder auch bei persönlichen Beratungs- und Verkaufsgesprächen preisattraktive Angebote einbaut bzw. Gutscheine mit Preisvorteil oder anderes mehr einsetzt. So kann ein günstiges Preis-Leistungs-Verhältnis mitvermittelt werden.

Um einen Handwerksbetrieb bzw. die wichtigsten Angebotsformen am Markt bzw. bei der Kernzielgruppe richtig preiszupositionieren, sollen vier Überlegungen berücksichtigt werden.

- Die betriebsinterne Preispositionierung laut Kalkulation

Jedes Angebot, jede Dienstleistung, die der Handwerksbetrieb anbietet, muss der Grundkalkulation entsprechen und zur Gewinnorientierung des Unternehmens beitragen. Hier hat das firmeninterne Controlling ein substanzielles Aufgabenpotenzial.

- Die kundenorientierte Preispositionierung

Hier wird die Frage gestellt, was ist dem Kunden dieser Auftrag bzw. diese Handwerksleistung wert? In diesem Zusammenhang hat die Handwerksbranche den großen Vorteil, dass die wenigsten Kunden eine Vorstellung darüber haben, was die jeweilige Leistung kosten kann. Aus diesem Grund versuchen sich auch viele Kunden dahingehend über Vergleichsofferte abzusichern. Empfehlenswert ist es bei größeren und mittleren Angeboten, ein Einstiegsoffert mit den Grundanforderungen zu unterbreiten, die Zusatzausstattungen werden dann im nachhinein angeboten. Fixtermin und Fixpreis werden in Zukunft von den Kunden tendenziell stärker gewünscht und auch angefragt. Im persönlichen Beratungs- und Verkaufsgespräch liegt es am Top-Verkäufer, die Wünsche und Bedürfnisse des Kunden richtig zu erfragen, um ihm ein maßgeschneidertes Angebot, das auch seinen Werteanspruch erfüllt, zu unterbreiten.

- Die konkurrenzorientierte Preispositionierung

Nachdem der Mitbewerb ähnliche Kostenpakete hat wie der eigene Handwerksbetrieb, aber möglicherweise unterschiedliche Ausgangssituationen, die da heißen können eine zu geringe oder eine zu hohe Auslastung, sind Irritationseffekte Bestandteil des alltäglichen Lebens. Je innovativer und je weniger austauschbar die Handwerksleistung jedoch ist, umso größer wird die Bewegungsfreiheit des einzelnen Handwerksbetriebes sein, sich von der konkurrenzorientierten Preispositionierung absetzen zu können.

- Die psychologische Preispositionierung

Hier gibt es auch in der Eurolandschaft psychologische Preispunkte, die tendenziell günstig wirken und solche, die teuer erscheinen. Grundsätzlich gilt, dass die 9er-Preise und auch ungerade Zahlen, insbesondere 7, 5 und 3, günstiger wirken als gerade Zahlen. Beispiele dazu: 79.900 Euro wirkt günstiger als 78.400 Euro. 4.050 wirkt teurer als 3.990 Euro. Anstelle von 101.287,33 Euro sollte man sich eine Sonderkondition zum Paketpreis von 99.500 Euro überlegen.

Eine besonders positive psychologische Wirkung haben auch Gratiszugaben oder Paketangebote, die den Vorteil haben, dass sie wiederum schwer direkt vergleichbar sind.

Fazit

Eine richtige Preispositionierung erfolgt dann im Handwerksbetrieb, wenn alle vier Preispositionierungsebenen, nämlich die betriebsinterne, die kundenorientierte, die konkurrenzorientierte und die psychologisch orientierte gleichermaßen berücksichtigt werden. Des Weiteren muss die Preispositionierung zur Positionierung des Unternehmens bzw. der Angebotsform stimmig sein. Dringend abzuraten ist davon, dass der Handwerksbetrieb in eine offensive und aggressive Preisschlacht eintritt, da dies zumindest mittel- und langfristig die Existenz des Betriebes gefährden würde.

Goldene Marketingregel Nummer 16:

Setzen Sie auf ein praxisorientiertes Controlling in Ihrem Handwerksbetrieb!

Die Wechselbeziehung zwischen einem marketingeführten Handwerksbetrieb und einem praxisorientierten Controlling ist durch sehr wichtige und wesentliche Schnittstellen zwischen Marketing und Controlling charakterisiert. Erfolgreiches Marketing ist ohne Controlling kaum möglich. Controlling ohne Marketing kann ebenso nur von kurzer Dauer sein, denn ein Handwerksbetrieb, der nicht marktorientiert geführt wird, hat nur geringe Überlebenschancen.

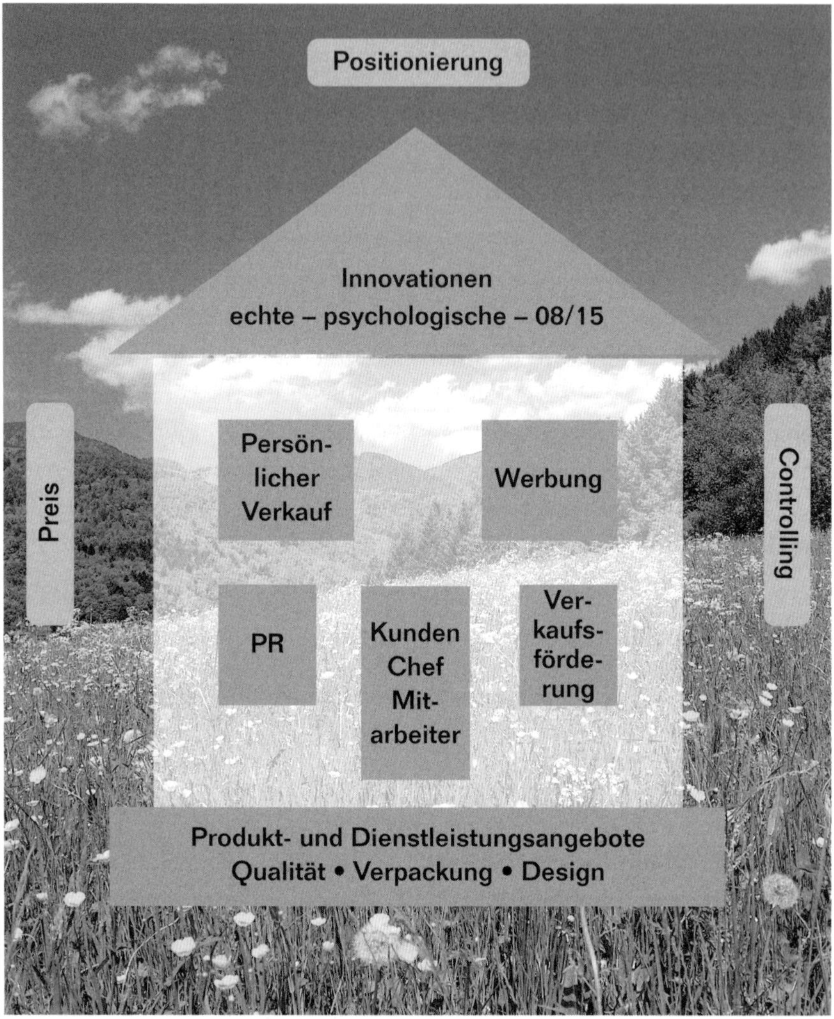

Zum besseren Verständnis nachfolgend eine kurze Gegenüberstellung von Marketing und Controlling:

- Controlling ist zielorientiert, Marketing ist kunden- und zielorientiert.
- Controlling ist primär engpassorientiert, Marketing ist marktorientiert
- Controlling ist vergangenheits-, gegenwarts- und zukunftsbezogen, Marketing hauptsächlich gegenwarts- und zukunftsorientiert.
- Im Controlling stehen quantitative Daten im Vordergrund, im Marketing neben den quantitativen auch die qualitativen Fakten.
- Controlling ist firmenintern sehr erfahren, Marketing ist markterfahren.
- Controlling ist für alle Budgets, wie auch zB Finanzierung, Liquidität etc., steuernd tätig, das Marketing liefert seine Marketingbudgets ab.
- Sowohl Controlling als auch Marketing sind aktivitätsorientiert, wobei die Personen unterschiedlicher Natur sind. Controller sind sehr oft introvertiert, marketingorientierte Menschen bzw. Unternehmer sind oftmals extrovertiert.

Grundsätzlich unterscheidet man auch in einem Handwerksbetrieb drei Arten des Controllings:

- Das strategische Controlling

Dieses ist langfristig orientiert und hat primär die Aufgabe, die notwendigen Maßnahmen, die zur Durchführung oder Verwirklichung der Strategien notwendig sind, zu steuern bzw. zu kontrollieren.

- Das operative Controlling

Dieses steuert mittelfristig mit einem Planungshorizont von ein bis drei Jahren Erfolg, Liquidität und Wirtschaftlichkeit.

- Das taktische Controlling

Hier ist kurzfristiges Controlling gefragt. Dabei geht es um die unmittelbare Steuerung des Unternehmensgeschehens. Instrumente dafür sind Statistiken, Kennzahlen, Terminkontrollen im Leistungsbereich, operative Analysen usw.

Eine wesentliche Tätigkeit des Controllings ist auch die Prognosenerstellung. Nachfolgend ein Überblick über die Umsatzprognosenmethoden, die im Controlling und in Handwerksbetrieben gerne angewendet werden.

Gilt es für das nächste Geschäftsjahr einen Umsatz für den Handwerksbetrieb zu prognostizieren, werden gerne folgende Schritte gesetzt.

- Die Verkäuferschätzung, der zu erwartenden Auftragseingänge
  Aus der Vergangenheit werden die durchschnittlichen Auftragsgrößen herangezogen, gleichzeitig nimmt man Rücksicht auf die Aufträge, die in Verhandlung sind bei gleichzeitiger Bezugnahme auf die durchschnittliche Abschlussquote, die man aus der Vergangenheit kennt.

- Zusätzlich werden die vorhandenen Produktionskapazitäten und deren Verkaufswert bzw. im Dienstleistungsbereich die verfügbaren Kapazitätseinheiten herangezogen bzw. geschätzt.

- Zusätzlich werden Lagerreduktions- und Lageraufbaupläne berücksichtigt sowie die Einführung neuer Produkte bzw. Dienstleistungen am Markt. Insbesondere wird auch auf saisonale Unterschiede im Verkauf bei der Umsatzentwicklung Rücksicht genommen.

- Des Weiteren wird die Preisentwicklung insbesondere bei den Rohstoffen und ausgewählten Trends, die die Angebotsform des Unternehmens verstärken bzw. bedrohen können, ins Kalkül gezogen.

Im Wesentlichen sind für den Handwerksbetrieb 12 Kennziffern, die im Controlling und je nach Branche des Handwerksbetriebes auch Bezug nehmend auf das Marketingbudget adaptiert werden müssen, in Betracht zu ziehen:

- Die Umsatzplanung
- Die Auftragsplanung
- Die Fixkostenplanung
- Die variable Kostenplanung
- Die Deckungsbeitragsplanung
- Die Gewinnzielsetzung
- Die Investitionsplanung
- Die Festlegung des Werbe- und Verkaufsförderungsbudgets
- Das Eigenkapital- und Fremdkapitalverhältnis
- Die Schuldentilgungsdauer in Jahren
- Der Cashflow
- Die Liquidität

Bezug nehmend auf Basel II sollte jeder Handwerksbetrieb versuchen, bestmöglich eine Bilanzverkürzung anzustreben. Das heißt, dass durch Leasing bzw. Mietvarianten Investitionen das Bilanzvermögen relativ niedrig ausweist. Das hat den Vorteil, dass das vorhandene Eigenkapital in Prozent bei einer laufenden Gewinnerwirtschaftung tendenziell steigt. Eine weitere Möglichkeit, um die Eigenkapitalquote zu erhöhen, ist, bestehende Anlagen im Sinne eines Sale-and-lease-back-Verfahrens als Bilanzverkürzung vorzusehen. Ein weiterer Bereich wird in den nächsten Jahren weiter steigen, das ist das Factoring. Diese Art der Finanzierung hat den Vorteil, dass die Liquidität des Handwerksbetriebes gestärkt wird, der Nachteil ist der, dass damit additive Kosten verbunden sind.

Die diesbezüglichen Benchmarks zu den 12 genannten Controllingkennziffern im Handwerksbereich sind je nach Branche als Referenzpunkte in den Forschungsstellen für Klein- und Mittelbetriebe bzw. zum Teil in den Innungen, Verbänden bzw. Wirtschaftskammern einzuholen. Auch der Steuerberater bzw. Banken können hier wertvolle ergänzende Informationen dazu liefern.

Die Menschen besinnen sich zunehmend wieder auf ursprüngliche Werte – eine größere Chance kann das Handwerk nicht bekommen.

Dr. Christian Wenzler, Hauptgeschäftsführer des Fachverbands Schreinerhandwerk Bayern

Goldene Marketingregel Nummer 17:

Erstellen Sie ein Marketingkonzept für Ihren Handwerksbetrieb mithilfe des 10-Phasen-Modells vom Institut für Marketing und Trendanalysen!

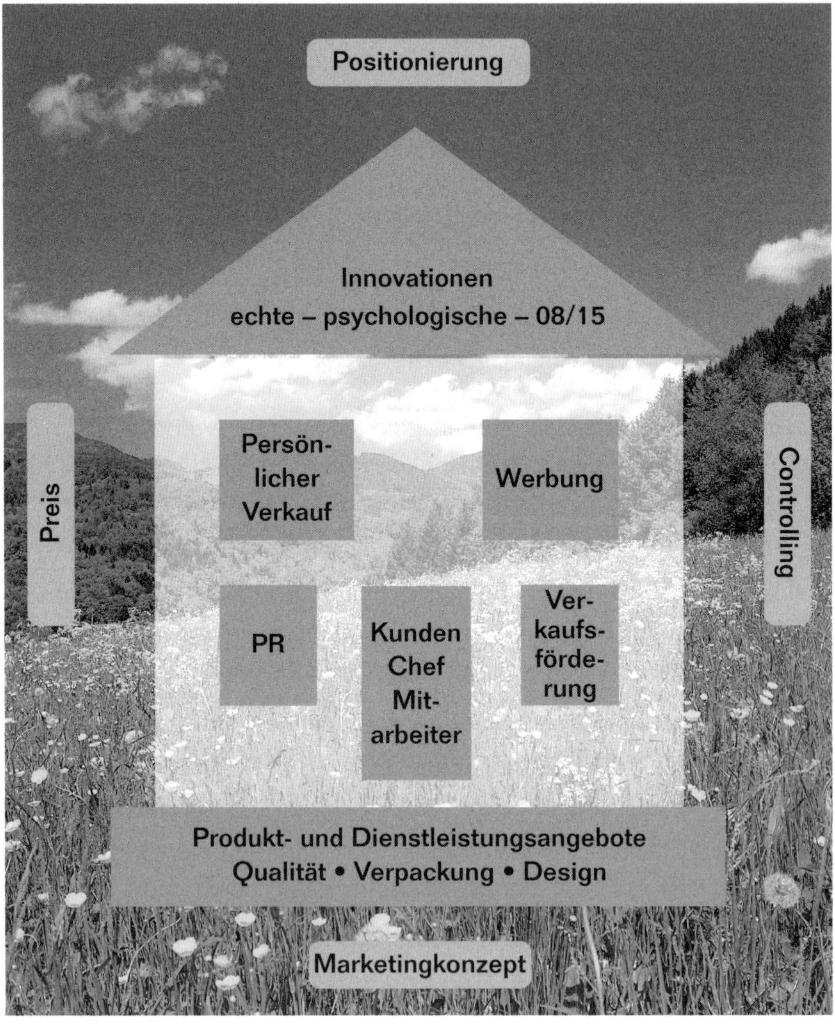

Nehmen Sie sich als Unternehmer Zeit und schreiben Sie auf drei bis fünf Seiten Ihr Marketingkonzept für die nächsten drei bis fünf Geschäftsjahre inklusive Ausblick bis 2015 in Stichworten kurz nieder. Folgende Struktur soll Ihnen dafür eine wertvolle Hilfestellung geben.

1. Verankern Sie die Philosophie des Marketings in Ihrem Handwerksbetrieb! Welche Maßnahmen setzen Sie dazu in Ihrem Unternehmen?

2. Entwickeln Sie ein Röntgenbild von Ihrem Handwerksbetrieb!

   Bedienen Sie sich bitte hier der drei bereits beschriebenen Diagnoseinstrumente, die da heißen:

   - Die Portfolio-Analyse
   - Das Pareto-Prinzip
   - Die STS-CHB-Analyse

3. Machen Sie Trendannahmen, die Ihren Handwerksbetrieb bis 2015 mit hoher Wahrscheinlichkeit betreffen werden. Unterscheiden Sie dabei zukünftige Entwicklungen, die Ihr Geschäft positiv beinflussen, und solche, die bedrohlich wirken können.

4. Definieren Sie die Vision mit Sinnstiftung, die Ihr Handwerksbetrieb bis 2015 haben möchte, sowie die quantitativen und qualitativen Ziele, die Sie mit Ihrer Mannschaft erreichen möchten.

5. Entwickeln Sie einen Erfolg versprechenden Strategiepfad, von dem Sie als Unternehmer auch überzeugt sind. Nähere Informationen finden Sie dazu in der goldenen Marketingregel Nummer 19.

6. Widmen Sie der Entwicklung von Innovationen einen besonderen Stellenwert in Ihrem Handwerksbetrieb und verwenden Sie auch den bereits bekannten Innovations-Quick-Test!

7. Positionieren Sie Ihr Unternehmen mit glasklaren Kanten. Definieren Sie das gewünschte Profil und machen Sie Ihren Handwerksbetrieb zu einer unverwechselbaren Persönlichkeit! Welche Maßnahmen setzen Sie dazu in Ihrem Unternehmen?
8. Setzen Sie die einzelnen Marketinginstrumente zur Zielerreichung bewusst ein. Ziehen Sie dazu als Hilfestellung das plakativ gewählte Beispiel des Marketingeinfamilienhauses heran!
9. Begeistern Sie Ihre Mitarbeiter von den vereinbarten Zielen, der gewählten Strategie und deren Umsetzung. Nur so kann der Funke der Begeisterung auf Ihre Kunden und den Markt überspringen. Welche Maßnahmen setzen Sie, um Ihre Mitarbeiter zu motivieren und zu begeistern?
10. Machen Sie laufende Soll-Ist-Vergleiche mithilfe eines aussagekräftigen Controllings. Belasten Sie sich in diesem Zusammenhang nicht mit Informationsmüll, sondern konzentrieren Sie sich ausschließlich auf das Wesentliche und das, was für die Praxis Bedeutung hat. Ein Top-Controlling-Bericht umfasst nicht mehr als eine Seite und kommt mit 10 bis maximal 15 Kennziffern aus.

Sicher ist, dass ein Marketingkonzept für Ihren Handwerksbetrieb nur so gut ist, wie die Umsetzung stark ist. Hartnäckigkeit, Disziplin, aber auch Freude an der Arbeit sind unabdingbare Voraussetzungen für den Erfolg.

Der schöpferische Gedanke kann nur durch das Handwerk Gestalt annehmen, jetzt und in Zukunft!

Baurat h.c. DI Dr. Ulf Krückl, Zivilingenieur für Bauingenieurwesen, Baumeister, Zimmermeister, Allg. beeideter und gerichtlich zertifizierter Sachverständiger, Perg

Goldene Marketingregel Nummer 18:

Streuen Sie Ihr Geschäftsrisiko mithilfe der 20%-Regel!

So wie ein Auto auf vier Rädern steht bzw. fährt und noch ein Reserverad im Kofferraum hat, sollte auch ein Handwerksbetrieb auf mehreren Beinen stehen, um so mehr Grip, eine bessere Standfestigkeit und vor allem eine höhere Widerstandsfähigkeit im Geschäftsalltag, aber auch in Risikozeiten zu haben. Die 20%-Regel ist dafür eine wertvolle Orientierungsrichtlinie. Damit ist gemeint, dass ein Handwerksbetrieb maximal 20 % seines Jahresumsatzes mit einem Kunden erzielen soll. Bezug nehmend auf die knapper werdenden Rohstoffe ist diese Regel auch tendenziell verstärkt auf die zu verkaufenden Produkte und Dienstleistungen, Zuliefer- und Beschaffungsmärkte umzulegen.

Eine gezielte Risikostreuung als Schutz- und Gestaltungsmasse wird mehr denn je ein Markenzeichen für vorausschauende Handwerksbetriebe werden.

Goldene Marketingregel Nummer 19:

Wählen Sie aus 12 Strategiemöglichkeiten und gestalten Sie daraus Ihren gewünschten Strategieweg!

Strategie braucht Zeit. Strategie kann nicht vom Unternehmer bzw. der Geschäftsführung an die Mitarbeiter delegiert werden. Strategie ist und bleibt Chefsache. Dies gilt auch für jeden Handwerksbetrieb.

Für einen erfolgsorientierten Handwerksbetrieb stehen grundsätzlich 12 Strategiealternativen zur Auswahl, die teilweise kombinierbar sind bzw. die zum Teil inkompatibel sind, da eine Verknüpfung einzelner Strategievarianten kontraproduktiv wäre. Nachfolgend werden die 12 Strategiealternativen kurz dargestellt.

1. Die Marktausschöpfungsstrategie

Sie bedeutet, dass ein Handwerksbetrieb mit seinen bestehenden Produkten bzw. Dienstleistungen in seiner Region Wachstum erzielt, indem er den vorhandenen Markt intensiver ausschöpft. Dies gelingt dann relativ leicht, wenn der regionale Markt wächst. Die Ausschöpfungsstrategie wird jedoch umso schwieriger, wenn die Region stagniert oder sich rückläufig entwickelt. Hier kann Wachstum nur dann erzielt werden, wenn im Sinne eines Verdrängungswettbewerbes dem Mitbewerb Marktanteile weggenommen werden.

2. Die Markterweiterungsstrategie

Diese zeichnet sich dadurch aus, dass ein Handwerksbetrieb bewusst neue bzw. zusätzliche Regionen bzw. Zielgruppen erschließt, um so Wachstumsraten erzielen zu können.

3. Die Innovationsstrategie

Sie ist dadurch charakterisiert, dass der Handwerksbetrieb durch Innovationen, also mittels neuer Produkte, Dienstleistungen oder auch durch phantasievolle Marketingideen Wachstum generiert.

4. Die Diversifikation

Sie hat eine Floprate von 98 %. Unter Diversifikation versteht man, dass ein Handwerksbetrieb mit gänzlich neuen Produkten auf gänzlich unbekannten Märkten Wachstum erzielen möchte. Vor dieser Hochrisikostrategie ist zu warnen, da der Handwerksbetrieb sich sowohl bei den Produkten als auch bei den Kunden bzw. Märkten auf vollkommen unbekanntes Terrain bewegt. Wenn man vom Produkt und vom Markt nichts weiß, ist das Risiko einfach zu hoch.

Nachfolgend finden Sie diese vier Strategiearten im grafischen Überblick unter der Bezeichnung „Die Handwerks-Wachstumsmatrix".

Die Handwerks-Wachstumsmatrix
vier mögliche Wachstums-Strategien für das Handwerk

Produkt- & Dienstleistungsarten / Märkte & Kunden	bestehende	neue
bestehende	**Marktausschöpfungsstrategie** Der HW-Betrieb erzielt Wachstum, indem er den Markt intensiver ausschöpft. Meist handelt es sich dabei um einen Verdrängungswettbewerb.	**Innovationsstrategie** Hier erwirtschaftet der jeweilige HW-Betrieb Wachstum durch neue Produkte bzw. Dienstleistungen.
neue	**Markterweiterungsstrategie** Wachstum schafft der HW-Betrieb mit dieser Strategie, indem er neue Kunden oder Zielgruppen bzw. neue Märkte oder Regionen gewinnen kann.	**Diversifikation** Hier bringt ein HW-Betrieb ein neues Produkt bzw. Dienstleistung, das nicht aus seinem Kerngeschäft kommt, auf einen neuen Markt, den er bis dato nicht kannte. Diese Risikostrategie hat eine Floprate von 98 %!

5. Die Rückzugsstrategie

Sie ist eine absolut legitime und je nach Situation durchaus sinnvolle Alternative. Möchte sich beispielsweise ein 59-jähriger Handwerksmeister bzw. Unternehmer verdienterweise in den Ruhestand begeben und ist ein Nachfolger zu diesem Zeitpunkt noch nicht in Sicht, kann es durchaus Sinn machen, dass der Handwerksbetrieb sich für eine wohl überlegte Rückzugsstrategie entscheidet. Ein Hauptziel könnte unter anderem auch sein, dass das Unternehmen bei gutem Wind zu einem attraktiven Preis-Leistungs-Verhältnis veräußert wird. Diese Einnahmen können quasi als zusätzliche Altersvorsorge angelegt werden.

6. Die Offensivstrategie

Hier ist Wachstum im Handwerksbetrieb angesagt. Wobei die Zuwachsraten einer oder mehreren Strategiearten entspringen können. Neben einer Markterweiterungsstrategie oder Innovationsstrategie kann auch Wachstum aus der Qualitätsstrategie realisiert werden.

7. Die regionale Wachstumsstrategie

Hier hat der Handwerksbetrieb das Ziel, in seiner Region im Umkreis von 50 bis 200 km die Nummer 1 in seiner Branche zu sein. Die Marktführerschaft soll entweder erreicht oder weiter ausgebaut werden. Zwei gegensätzliche Strategien dazu sind die sogenannte nationale und die sogenannte internationale Expansionsstrategie. Mehrheitlich kommen diese beiden Strategiearten für Handwerksbetriebe mit durchschnittlich sechs Mitarbeitern kaum oder gar nicht in Frage.

8. Die Diskonterstrategie

Hier steht ein einziges Marketinginstrument im Vordergrund, nämlich der aggressive Preis. Diese Billigstrategie funktioniert nur dann, wenn ein beachtlicher Preis-Mengen-Absatz am Markt möglich ist. Vor der sogenannten Aldi- bzw. Hofer-Strategie ist im Handwerk mehrheitlich zu warnen, da diese Art der Unternehmenspositionierung bei der 35-Plus-Zielgruppe kontraproduktiv wirkt. Auch die großen Mengen-Wachstumspotenziale in der Region fehlen meistens für die Handwerksbetriebe. So auch die Finanzkraft, die möglicherweise überstrapaziert werden würde.

9. Die Qualitätsstrategie

Diese stellt im Wesentlichen den Gegenpol zur Diskonterstrategie dar und ist sozusagen dem Handwerksbetrieb auf den Leib geschneidert. Wichtig ist in diesem Zusammenhang, dass bei einer gelebten Qualitätsstrategie die Preisspirale nicht überzogen wird, sodass der Handwerksbetrieb als teurer Jakob empfunden wird. Des Weiteren muss eine Qualitätsstrategie Hand in Hand mit einer klugen Innovationsstrategie einhergehen. Alles andere wäre keine mittel- und langfristig funktionierende Qualitätsstrategie, die der Markt und die Kunden auch als solche wahrnehmen bzw. schätzen.

10. Die Nischenstrategie

Diese setzt im Wesentlichen auf den Spezialisierungsüberlegungen eines Handwerksbetriebes auf. Heute und auch in Zukunft werden die Massenmärkte immer mehr in Teile oder Segmente zerfallen. Die Königsaufgabe für jeden Unternehmer wird daher heißen: In welchem Segment bzw. in welcher Nische möchte der Betrieb zu den führenden Anbietern zählen? Das Gegenteil zur Nischenstrategie ist die Massenmarktstrategie, die jedoch in den meisten Fällen für Handwerksbetriebe aufgrund ihrer Unternehmensgröße illusorisch ist.

11. Die Mehrwertstrategie

Hier kann der Handwerksbetrieb neben seiner Grundleistung durch intelligente Zusatzleistungen, sei es durch Service- oder Beratungsleistungen oder anderes mehr, sowohl die Umsätze pro Auftrag wie auch den Gewinn pro Auftrag steigern. Erfolgreiche Handwerksbetriebe praktizieren entweder eine intensive Wertschöpfung, indem sie möglichst viele Leistungen im Unternehmen erbringen, oder sie erzielen einen hohen Mehrwert, indem sie bis zu 80 % der Leistung kostengünstig zukaufen und durch handwerkliches Können dem Produkt einen 20%igen Individualisierungsgrad aufsetzen. Hier kommt dem Outsourcing bzw. dem Zukauf eine bedeutende Rolle zu. Beide Alternativen haben die Kraft, eine außerordentliche Mehrwertstrategie zum Wohle des Handwerksbetriebes umzusetzen.

12. Überraschungsstrategie

Diese sehr wirksame Strategie hat ihr Hauptpotenzial in der Fantasie- und Kreativitätsleistung eines Handwerksbetriebes. Folgende drei Fragestellungen stehen im Zentrum dieser hochinteressanten Strategiealternative:

Frage 1: „Mit was und wie wollen Sie Ihre bestehenden Kunden ein- bis zweimal pro Jahr positiv überraschen?“

Frage 2: „Wie können Sie Ihren Mitbewerb einmal pro Jahr durch einen außergewöhnlichen Marktauftritt in Erstaunen versetzen?“

Frage 3: „Mit was und wie können Sie das Zusammengehörigkeitsgefühl zwischen Ihren Mitarbeitern und dem Identifikationsgrad zu Ihrem Handwerksbetrieb einmal pro Jahr signifikant steigern?"

Wobei gilt: Ist eine Überraschungsstrategie von feinster Qualität, werden die positiven Effekte bei allen obig genannten drei Zielgruppen gleichermaßen erreicht. Ein positiver Nebeneffekt ist der, dass auch die Lieferanten dementsprechend angenehm überrascht werden.

Wählen Sie als Handwerksunternehmer den Strategiepfad, von dem Sie als Eigentümer bzw. Geschäftsführer überzeugt sind. Sie sollen das Gefühl und auch die Überzeugung haben, dass der gewählte Pfad für Ihr Unternehmen der beste ist. Nachfolgend finden Sie dazu zwei denkbare Strategiepfade von zwei unterschiedlichen Handwerksbetrieben, die diese Vielfalt sehr gut demonstrieren.

Egal, wie weit du einen falschen Weg gegangen bist, kehre um und gehe den richtigen!

Gabriele Hornig, Sanitär Hornig & Partner GmbH, Ludwigshafen

Zwei mögliche Strategiepfade für zwei unterschiedliche Handwerksbetriebe

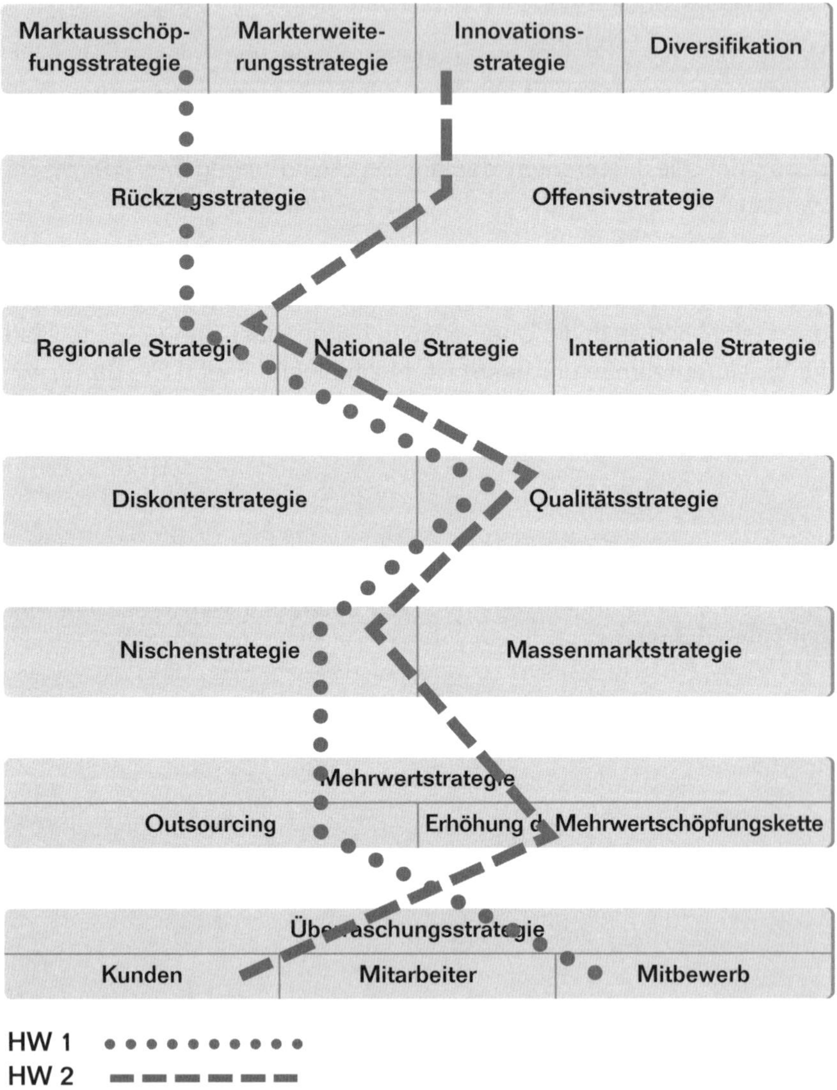

Kommentar

Der Handwerksbetrieb 1 hat in diesem Fallbeispiel eine klassische Wachstumsstrategie gewählt, wie auf Basis von Innovationen eine offensive Marktbearbeitungsstrategie möglich wird.

Das Unternehmen bleibt in der Region, setzt auf Handwerksqualität und Nischen und will durch Steigerung der eigenen Wertschöpfungskette einen zusätzlichen Mehrwert erwirtschaften. Durch eine fantasievolle Überraschungsstrategie will man die Kunden zumindest einmal pro Jahr positiv in helles Entzücken versetzen bzw. begeistern.

Der Handwerksbetrieb 2 steht mittelbar vor dem Ruhestand. Ob ein Nachfolger gefunden wird, steht in diesem Beispiel noch nicht fest. Der Unternehmer wählt eine Marktausschöpfungsstrategie bei gleichzeitiger Berücksichtigung von Rückzugstendenzen. Mittlere und große Investitionen in den Betrieb werden vermieden. Der Handwerksbetrieb bleibt in der Region, setzt auf klassische Handwerksqualität und Nischenstrategie und sucht durch Outsourcing die Mehrwertstrategie zu realisieren. Die Überraschungsstrategie könnte primär den Mitbewerb treffen, indem der Handwerksbetrieb im letzten Augenblick doch noch eine Nachfolgelösung „aus dem Hut zieht".

Grundsätzlich gilt: Es gibt mehrere Wege und Strategiepfade, die zum Erfolg führen. Ein sehr wesentlicher Faktor ist der, dass sich der Unternehmer inklusive seinen Mitarbeitern mit dem eingeschlagenen Strategiepfad wohlfühlt und auch an dessen Erfolg glaubt.

Goldene Marketingregel Nummer 20:

Steigern Sie Ihre Arbeitsproduktivität mithilfe der bewährten Zeit- & Aufgabenmatrix!

Jeder Unternehmer kennt die Arbeitstage, an denen man das Gefühl hat, wenig produktiv gewesen zu sein. Die Zeit ist einem mehr oder weniger zwischen den Fingern zerronnen, viele Arbeiten sind unerledigt geblieben. Nicht planbare Geschehnisse haben den Tagesablauf zum Kippen gebracht.

Mental hat man möglicherweise auch den Eindruck einer inneren Leere nach einem solchen Arbeitstag. Die Tagesbilanz könnte im Wesentlichen so aussehen, dass der Unternehmer den Eindruck hat, dass er sich viel vorgenommen hat, sehr viel an Arbeit liegen geblieben ist und dass er irgendetwas falsch gemacht hat, da die Produktivität an diesem einen Arbeitstag nicht zufriedenstellend war.

Diese Tage wird es auch in Zukunft immer wieder geben, sind aber positiv betrachtet ein exzellenter Motivator, um besser zu werden, um so den Blick und das Tun auf das Wesentliche neu zu schärfen. Notwendig ist, dass solche Zeiträubertage die relative Ausnahme bleiben müssen. Damit das auch in der Praxis so bleibt, kann sich jeder Unternehmer der sogenannten Zeit- & Aufgabenmatrix bedienen. Diese besteht im Wesentlichen aus vier Aufgabenfeldern, den sogenannten A-, B1-, B2- und D-Aufgaben.

Die Strukturierung und Abarbeitung der jeweiligen Aufgabenarten erhöhen die Produktivität im Unternehmen signifikant.

Nachfolgend finden Sie dieses sehr praxistaugliche Modell mit der Bitte, es für Ihren persönlichen Arbeitsstil bestmöglich in Anspruch zu nehmen.

Die Zeit- & Aufgabenmatrix für Unternehmer und Führungskräfte

Kommentar

A-Aufgaben sind sehr wichtige und sehr dringende. Diese sind exzistenzielle Aufgaben für das Unternehmen und haben höchste Priorität.

B1-Aufgaben sind sehr dringend, zum Teil weniger wichtig, stellen aber das operative Tagesgeschäft dar, das funktionieren muss, und daher sind diese Aufgabenpotenziale an zweiter Stelle gerangreiht.

B2-Aufgaben sind sehr wichtig, aber weniger dringend. Hier handelt es sich mehrheitlich um essenzielle Strategieaufgaben. Dadurch, dass sie weniger dringend sind, werden sie gerne von der Unternehmensführung aufgeschoben. Das wiederum birgt die Gefahr, dass die substanziellen strategischen Weichenstellungen im Unternehmen bzw. im Handwerksbetrieb nicht oder zu spät passieren. Hinzu kommt, dass die B2-Aufgaben nicht delegierbar sind und vom Eigentümer oder von der Geschäftsführung bzw. vom Unternehmer wahrgenommen werden müssen.

Wenn sich am Schreibtisch jede Menge Papier stapelt mit Aufgaben, die wenig wichtig und wenig dringend sind, dann handelt es sich um D-Aufgaben. Hier hat der Unternehmer die Möglichkeit, mit einer gewissen Lockerheit diese Dinge auch liegen zu lassen. Frei nach dem Motto, die besten Unternehmer können D-Aufgaben mit einer sehr großen Gelassenheit, aber doch mit einer sanften Zielorientierung bewältigen.

Nachhaltiges Förderungsmodell für innovative Handwerksbetriebe in Deutschland, Österreich und Südtirol

Co-Autor Wolfgang Grüneis
Autor Christian Hehenberger

Einleitung

Ziel dieses Modells ist es, für den feinstrukturierten, aber hinsichtlich seiner gesellschaftlichen und wirtschaftlichen Bedeutung in unserem zentraleuropäischen Wirtschaftsraum grundlegenden Bereich des Handwerks, Denkanstöße zur Erschließung neuer Finanzierungsquellen zur Verfügung zu stellen.

Bei entsprechend nachdrücklicher und systematischer Umsetzung sollte es möglich sein, Ressourcen zu erschließen, die das Handwerk in die Lage versetzen werden, seine seit dem Mittelalter bestehende Funktion als eine der Grundfesten eines lebenswerten gesellschaftlichen und wirtschaftlichen Daseins nicht nur zu erhalten, sondern darüber hinaus auch deutlich ausbauen zu können.

Die Autoren erlauben sich an dieser Stelle, ihrer Meinung dahingehend Ausdruck zu verleihen, dass ein Ausbau des handwerklichen Anteils an der jeweiligen gesamtwirtschaftlichen Leistung sowohl aus volkswirtschaftlichen als auch sozialen und humanitären Überlegungen eine geeignete Maßnahme ist, um die Produktionsfaktoren Mensch und Kapital wieder zu einem sinnvollen und auch notwendigen Miteinander führen zu können und die Regentschaft des Turbokapitalismus zu relativieren.

Auf Grund seiner regionalen Verwurzelung und der Tatsache, dass das Handwerk im Sinne des betriebswirtschaftlichen Marketings Produzent von Gütern und Dienstleistungen ist, die sich „vor Ort" an den Marktbedürfnissen orientieren, wird diesem Wirtschaftszweig angesichts der massiven Abwanderungsbewegungen im industriellen Bereich in den nächsten zehn Jahren eine entscheidende Bedeutung für die Erhaltung des volkswirtschaftlichen Leistungs- und Wohlstandsniveaus im zentraleuropäischen Wirtschaftsraum zukommen.

Daher ist es allerhöchste Zeit, sich zum einen Konzepte zurechtzulegen, die einer Forcierung des handwerklichen Wirtschaftssegmentes zugetan sind, und zum anderen Maßnahmen in Angriff zu nehmen, die geeignet sind, die notwendigen finanziellen Ressourcen für diese Konzepte zu erschließen.

Die nachstehenden Darstellungen behandeln ein derartiges Modell, welches ein Denkanstoß und Appell für die Handwerksbetriebe, ihre Verbände, Interessenvertretungen und einschlägigen Gremien sein soll, ihrem Stellenwert gemäß jene Transferleistungen seitens der Politik einzufordern, die es dem Handwerk möglich machen, seiner Funktion als Grundfeste unseres menschlichen, sozialen und wirtschaftlichen Gefüges im notwendigen Ausmaß gerecht werden zu können.

Was ist gegenständlich mit Handwerk gemeint

Wenngleich es dem geneigten Leser auch etwas trocken erscheinen mag, ist es trotzdem vonnöten, den hier zugrunde gelegten Begriffsinhalt des Wortes „Handwerk" klar darzustellen und ihn gegenüber nahe stehenden Begriffen abzugrenzen.

Ausgangspunkt ist der Oberbegriff des Gewerbes, welches jene wirtschaftliche Tätigkeit bezeichnet, die auf eigene Rechnung, eigene Verantwortung und auf Dauer mit der Absicht einer Gewinnerzielung durchgeführt wird. Unter dem Begriff des Gewerbes befindet sich die Industrie als produzierender Bereich und das Handwerk als verarbeitender und dienstleistender Bereich, der die lokale oder regionale Versorgung der individuellen, nicht durch Serienproduktion abbildbaren Bedürfnisse von privaten oder institutionellen Verbrauchern wahrnimmt.

Für das innovative Förderungsmodell wurde Handwerk durch folgende grundlegende Charaktermerkmale gekennzeichnet:

- Handwerk ist ein gewerblicher Berufsstand,
- verfügt über einen lokalen bis regionalen Wirkungskreis und
- befasst sich mit der im Grunde handarbeitlichen Erstellung von nicht serien- und vorratsfähigen Produkten oder Dienstleistungen, die sich an individuellen Kundenbedürfnissen orientieren.

Beweggründe und Perspektiven für das nachhaltige Förderungsmodell von innovativen Handwerksbetrieben

Der bekannte Spruch „Handwerk hat goldenen Boden" hat sich in der jüngeren Neuzeit relativiert. Dass es für Handwerksbetriebe auf Grund der Konzentration der öffentlichen und privaten finanziellen Mittel in anderen Wirtschaftsbereichen sehr schwer geworden ist, jenen Grad an Innovation – und dieser bedingt fast immer substanzielle Investitions- und Personalausgaben in Vorleistung – zu finanzieren, der notwendig ist, um sich als ein dem individuellen Verbraucher und Konsumenten nahe stehender Anbieter von Produkten und Dienstleistungen als innovationsstarker, auf der Höhe der Zeit befindlicher Partner zu präsentieren.

Eine in der Regel auf Grund der Wettbewerbssituation und der schier erdrückenden Last der öffentlichen Abgaben dünne Eigenkapitaldecke macht es angesichts der bevorstehenden Inkraftsetzung von Basel II und vor dem Hintergrund der Ostöffnung sicherlich nicht leichter, an die notwendigen finanziellen Mittel zu kommen, um Innovationsstärke zu generieren. Da ist guter Rat teuer und auf individuellbetrieblicher Ebene unmittelbar kein Ausweg in Sicht.

Auf Grund der einleitend dargestellten volkswirtschaftlichen und sozioökonomischen Funktion des Handwerks hat diese Problematik eine Dimension, die weit über die Betriebsebene hinausgeht. In Wahrheit geht es dabei um volkswirtschaftliche und soziale Fragestellungen im wirtschafts- und gesellschaftspolitischen Gesamtzusammenhang, also um Handlungserfordernisse, deren Wirkungsraum sich über die regionale Ebene hinaus über Berlin, Bozen oder Wien bis Brüssel erstreckt.

Dies skizziert auch die Ansatzpunkte, die im Zusammenwirken eine Lösung für das scheinbare Dilemma finden müssen. „Müssen" daher, da dieses Thema auf Grund der volkswirtschaftlichen Bedeutung des Handwerks für die gesamte Wirtschaftskraft in Deutschland, Österreich und Südtirol von eminenter Bedeutung ist.

Mittelherkunft

Bekanntlich setzt sich der Treibstoffpreis, den der Endverbraucher an der Tankstelle pro Liter erworbenes Benzin oder Diesel zu bezahlen hat, aus drei Komponenten zusammen:

- Dem Nettopreis ohne Steuer, welcher den Verkaufspreis des Mineralölproduzenten darstellt.
- Der Mineralölsteuer, welche den Charakter einer Verbrauchssteuer besitzt und als fixer Betrag dem Nettopreis ohne Steuer zugeschlagen wird. Die Summe stellt dann den Nettopreis mit Steuer dar. Der Steuersatz lag 2005 für Diesel in Deutschland bei 0,4704 Euro/Liter, in Österreich bei 0,31014 Euo/Liter und in Italien bei 0,413 Euro/Liter. In Deutschland wird als weitere Verbrauchssteuer die Öko-Steuer mit ca. 0,13 Euro/Liter zugeschlagen.

- Der Mehrwertsteuer, welche als prozentueller Steuersatz auf den Nettopreis mit Steuer aufgeschlagen wird. Die Summe stellt dann den Verkaufspreis an der Tankstelle dar. Der diesbezügliche Steuersatz lag 2005 in Deutschland bei 16 %, in Österreich und in Italien bei 20 %.

Der Ausgangspunkt der Überlegungen liegt nun bei der Mineralölsteuer, von welcher jeglicher gewerbliche und private Treibstoff verbrauchende Straßen- und Schienenverkehr im europäischen Raum betroffen ist. Ausgenommen hiervon ist – und dies ist der Ansatzpunkt – jedoch der Treibstoffbedarf des gewerbliche Schiffsverkehrs in Meeresgewässern der Gemeinschaft und jener des gewerblichen Luftverkehrs.

In einem weiteren Schritt wird nun auf Basis des zugänglichen Datenmaterials versucht, mittels profunder Schätzung die entgangenen Steuereinnahmen aus dem Titel „Schiffsdiesel- und Kerosinabgabe" anteilig für die Wirtschaftsräume Deutschland, Österreich und Südtirol zu ermitteln.

Erfolg hat, wer mit und nicht gegen die Natur arbeitet.

Erwin Stubenschrott, Geschäftsführer KWB Biomasseheizungen,
St. Margarethen/Raab

Schiffsdieselverbrauch der Welthandelsflotte im Güterverkehr, umgelegt auf die Wirtschaftsräume Deutschland, Österreich und Südtirol

Schiffsdiesel, in der Fachsprache Bunkeröl oder Bunker C genannt, ist jene Substanz, die als stark verunreinigter Rückstand anfällt, nachdem aus dem Rohöl alle Bestandteile destilliert wurden, die zur Herstellung von Benzin, Diesel und leichtem Heizöl benötigt werden. Aufgrund seines Charakters als Neben- bzw. Abfallprodukt stellt es für die Seeschifffahrt eine ungleich günstigere Alternative zu den in der Binnenschifffahrt verwendeten herkömmlichen Dieseltreibstoffen dar.

Nach einer Erhebung des Bremer Instituts für Seeverkehrswirtschaft und Logistik lag der Gesamtbestand der Welthandelsflotte zu Beginn des Jahres 2006 bei 41.110 Einheiten (über 300 BRZ) mit weiterhin steigender Tendenz. Der Anteil der EU-Handelsflotte liegt dabei bei 20 %. Im Durchschnitt absolviert ein Hochseeschiff ca. 7.000 Betriebsstunden pro Jahr bei einem durchschnittlichen Bunkerölverbrauch von ca.30 to/24 h. Es verbraucht also pro Jahr ca. 8.750 to Bunkeröl. Der so errechnete weltweite Bedarf an Bunkeröl als Schiffstreibstoff liegt bei ca. 360 Mio. to.

Gemäß einer Statistik des Internationalen Währungsfonds beträgt der Anteil der EU am Weltbruttoinlandsprodukt 29 %. Innerhalb der EU nehmen die Wirtschafträume Deutschland, Österreich und Südtirol einen BIP-Anteil von 24 % ein.

Wir schätzen daher, dass der Bunkerölverbrauch, welcher indirekt durch die Wirtschaftsleistung in Deutschland, Österreich und Südtirol verursacht wird, bei 25 Mio. Jahrestonnen liegt. Bei einer Miteinbeziehung des Bunkeröls in eine europaweit einzuhebende Mineralölsteuer von Euro 400/to (ähnlich den anderen Kraftstoffen) ergäbe dies ein auf die Wirtschaftsräume Deutschland, Österreich und Südtirol bezogenes Steueraufkommen von 10 Mrd. Euro. Nachdem die der Schätzung zugrunde liegenden Zahlen sehr vorsichtig angesetzt wurden, weist dieser Betrag noch beträchtlichen Spielraum nach oben auf.

Als eines der vielen Argumente für eine derartige Maßnahme kann unter anderem dienen, dass die Kosten für einen innereuropäischen Transport im Umkreis von über 1.000 km bereits über jenen eines Seetransportes aus den USA oder aus Fernost liegen; ein Umstand, der sich in ökonomischer und ökologischer Hinsicht jeglicher Sinnhaftigkeit entzieht.

Kerosinverbrauch im innerstaatlichen, intra- und extraeuropäischen Luftverkehr im Bereich des Personen- und Gütertransportes

Ebenso wie der gewerbliche Bunkerölverbrauch ist der gewerbliche Kerosinverbrauch von der Mineralölsteuer befreit. Entsprechend eines Sondergutachtens des wissenschaftlichen Beirats der deutschen Bundesregierung soll der weltweite Verbrauch von Kerosin in der zivilen Luftfahrt von derzeit ca. 200 Mio. Jahrestonnen bis 2015 auf bis zu 330 Mio. Jahrestonnen ansteigen.

Legt man den weltweiten Kerosinbedarf an Hand des ca. 7%igen BIP-Anteils der Wirtschaftsräume Deutschland, Österreich und Südtirol an der Weltwirtschaft auf deren Wirtschaftsleistung um, so ergibt sich ein zugeordneter Anteil von ca. 14 Mio. Jahrestonnen Kerosin. Bei einer Miteinbeziehung des Kerosins in eine europaweit einzuhebende Mineralölsteuer von Euro 400/to läge das einschlägige, den Wirtschaftsräumen Deutschland, Österreich und Südtirol zuzuordnende Steueraufkommen bei 5,6 Mrd. Euro. Aus realpolitischen Erwägungen (internationale Abstimmungsprobleme) und den zu erwartenden Ausweichreaktionen in Länder ohne Mineralölsteuerabgabe erscheint dieses steuerpolitische Instrument jedoch nicht handhabbar.

Ein eleganterer Ansatzpunkt bietet sich, wenn man den zivilen Luftverkehr nach seinen Geschäftssegmenten Passagier- und Frachtverkehr differenziert betrachtet. So wäre etwa die Einhebung eines fixen Gebührensatzes pro Passagierticket oder pro Gewichtseinheit von ent- oder beladenem Frachtgut ins Auge zu fassen. Eine derartige Gebühr könnte von den Fluggesellschaften direkt eingehoben und abgeführt werden.

Nach einer statistischen Veröffentlichung der Europäischen Gemeinschaft[m] belief sich die Anzahl der beförderten Fluggäste in Europa im Jahre 2004 auf 650 Mio. Personen, von denen 154 Mio. (24 %) dem innerstaatlichen Verkehr, 271 Mio. (42 %) dem zwischenstaatlichen Verkehr und 225 Mio. (34 %) dem Verkehr mit Nicht-EU-Staaten zuzuordnen sind. Unterstellt man die in diesem Bereich üblichen jährlichen Wachstumsraten von 8 %, so dürfte das Gesamtpassagieraufkommen 2006 bei ca. 760 Mio. Personen liegen. Die relevante Grundgesamtheit für eine Ticketgebühr auf Basis der obigen Passagierverteilung beläuft sich dann auf ca. 630 Mio. (innerstaatliches, zwischenstaatliches und 50 % des Nicht-EU-Aufkommens) Personen bzw. Tickets. Bei einer Gebühr von 15 Euro pro One-way-Ticket ergibt sich ein gesamteuropäisches Einnahmenvolumen von 18,9 Mrd. Euro. An Hand des BIP-Anteiles wäre den Wirtschaftsräumen Deutschland, Österreich und Südtirol ein Anteil von 4,5 Mrd. Euro zuzuordnen.

Obig erwähnte Veröffentlichung der Europäischen Gemeinschaft weist für das Jahr 2004 ein EU-Gesamtfrachtaufkommen von 10,7 Mio. Jahrestonnen auf; 79 % davon werden mit dem Nicht-EU-Raum generiert, 21 % fallen im EU-Raum an. Nach den von Boeing für den Luftfrachtverkehr bis 2020 geschätzten jährlichen Zuwachsraten von mindestens 6 % sollte das EU-Luftfrachtaufkommen 2006 bei 12 Mio. to liegen.

Beaufschlägt man jede Tonne be- oder entladenes Luftfrachtgut mit Euro 300, so ergibt dies ein Gebührenaufkommen von 3,6 Mrd. Euro. An Hand des BIP-Anteiles wäre den Wirtschaftsräumen Deutschland, Österreich und Südtirol ein Anteil von 0,9 Mrd. Euro zuzuordnen.

Wirtschaft ist, wenn Herz, Hirn, Kapital und Vergnügen sich vereinen.

Wolfgang Grüneis, Co-Autor des Bestsellers „Dem Handwerk gehört die Zukunft"

Nachfolgende Grafik stellt eine Übersicht der Förderpotenziale und eine Projektion auf das Jahr 2010 dar. Realistischerweise darf man bei dieser Betrachtung die für die Einhebung der Gebühren und Steuern anfallenden Kosten nicht außer Acht lassen. Wir haben dafür einen 10%igen Abschlag für die Administration berücksichtigt.

Förderpotenzial für das innovative Handwerk innerhalb der EU-25 Staaten durch Kerosin- und Bunkerölbesteuerung

	2006 in Mrd. €	2010 in Mrd. €	Wachstum/ Jahr in %
Bunkerölbesteuerung	38,5	43,5	3,2
Ticketabgabe	17,3	23,5	8,9
Luftfrachtabgabe	3,5	4,2	5,0
Summe brutto	59,3	71,2	5,0
abzüglich 10 % Administrationskosten	5,93	7,12	
Summe netto	53,4	64,1	5,0

Förderpotenziale für das innovative Handwerk in Deutschland, Österreich und Südtirol

	2006 in Mrd. €	2010 in Mrd. €	Wachstum/ Jahr in %
Bunkerölbesteuerung	10,0	11,3	3,3
Ticketabgabe	4,5	6,1	8,9
Luftfrachtabgabe	0,9	1,1	5,6
Summe brutto	15,4	18,5	5,0
abzüglich 10 % Administrationskosten	1,54	1,85	
Summe netto	13,9	16,7	5,0

Abschätzung des Beitrages der Handwerksbetriebe zum Mineralölsteueraufkommen in Deutschland, Österreich und Südtirol

Ehe wir uns mit der Mittelverwendung auseinandersetzen, sei noch kurz abgeschätzt, wie groß der Beitrag der Handwerksbetriebe in Deutschland, Österreich und Südtirol zum gesamten Mineralölsteueraufkommen im Zuge ihrer Leistungserbringung beim Kunden ist.

Bei einem Gesamtbestand von 980.000 Handwerksbetrieben gehen wir davon aus, dass bei zwei Drittel (ca. 650.000) davon im Zuge ihrer Leistungserbringung jeweils an 170 Tagen im Jahr 200 km im Firmenfahrzeug zurückgelegt werden. Pro Handwerksbetrieb ergibt dies bei einem durchschnittlichen fahrzeugbezogenen Treibstoffverbrauch von 10 l/100 km einen Jahresverbrauch von 3.400 Litern. Bei einem durchschnittlichen Mineralölsteuersatz von Euro 0,4 /l ergibt dies ein geleistetes Mineralölsteueraufkommen vom ca. Euro 0,9 Mrd./Jahr. Hierbei ist jener Anteil an Mineralölsteuer noch nicht berücksichtigt, der im Zuge des Zukaufs der für die Leistungserstellung notwendigen Waren und Leistungen verursacht und indirekt mitbezahlt wird.

Bei einem geschätzten Mineralölsteueraufkommen von 40 Mrd. Euro in Deutschland, Österreich und Südtirol bewegt sich der vom Handwerk geleistete Anteil zwischen 2 und 4 %, das sind in absoluten Beträgen 800 Mio. bis 1,6 Mrd. Euro pro Jahr.

Resümee und Empfehlung

Im Jahr 2010 würden der EU durch die Kerosin- und Schiffsbenzinbesteuerung rund rund 64,1 Mrd. Euro an zusätzlichen Einnahmen zur Verfügung stehen. Deutschland, Österreich und Südtirol würden aus diesem Titel zusätzlich 16,7 Mrd. Euro erhalten. Ein jährliches Wachstum von 5 % Bezug nehmend auf die neue Steuereinnahme ist realistisch.

Durch diese innovative Steuermaßnahme würde der Produktions- und Dienstleistungsstandort Europa signifikant gestärkt werden, der private Konsum würde hingegen nicht geschwächt werden, wie dies bei einer Mehrwertsteuererhöhung zweifelsohne der Fall ist. Die unfairen Regeln im Rahmen des globalen Wirtschaftsgeschehens würden in einem wesentlichen Bereich, nämlich der Logistik, einer relativen Kostenwahrheit zugeführt. Durch die Flug- und Schiffsbenzinbesteuerung würde weiters ein Umdenken in den multinationalen Konzernen erfolgen, da bei höheren Logistikkosten das Abziehen von Produktionsstätten aus der EU in Billiglohnländer an Attraktivität verlieren wird.

Die EU-Administration hätte durch diese neue Steuereinnahmequelle zusätzlich 7,12 Mrd. Euro im Jahr 2010 zur Verfügung. Die Behörden in Deutschland, Österreich und Südtirol würden für den administrativen Aufwand zusätzlich 1,85 Mrd. Euro einnehmen.

Ganzheitlich betrachtet würde die Europäische Union durch die Kerosin- und Schiffsbenzinbesteuerung eine mehrfache Win-to-win-Situation vorfinden. Nachdem die EU in den nächsten Jahren im Wettkampf zwischen den Wirtschaftsräumen ohnedies selbstbewusster auftreten wird müssen, kann sie diese fiskale Maßnahme auch in einem internationalen Alleingang vornehmen. Fakt ist, dass die EU mit ihren 25 Mitgliedstaaten bereits heute der weltweit leistungsfähigste Wirtschaftsraum ist. Zum ersten Mal seit 1945 hat die EU mit ihren 25 Staaten 2006 ein höheres Bruttoinlandsprodukt erwirtschaftet als die USA mit ihren mehr als 50 Bundesstaaten. Die EU erzielte 2006 10.909,8 Mrd. Euro BIP, die USA 10.702,6 Mrd. Euro. Ähnlich Positives gilt für die Bevölkerungsanzahl im Direktvergleich. So lebten erstmals 2006 in den USA 300 Mio. Staatsbürger, vor 40 Jahren waren es noch 200 Mio. Die EU zählt mit ihren 25 Mitgliedsstaaten bereits heute 460 Mio. Bürger.

Vergleichen Sie dazu bitte die nachfolgende Tabelle „BIP und Einwohnerzahlen der EU-15 und EU-25 Länder im Vergleich zu den USA“.

BIP und Einwohnerzahlen der EU-15 und EU-25 Länder im Vergleich zu den USA

Land	BIP 2006 Mrd. €	BIP per Einwohner 2006 €	Einwohner 2000 in Mio.
Deutschland	2.227,0	26.984,84	82,522
Großbritannien	1.803,5	29.847,73	60,418
Frankreich	1.693,0	27.009,76	62,675
Italien	1.416,7	24.386,42	58,091
Spanien	935,6	22.502,17	41,575
Niederlande	505,6	30.929,85	16,345
Belgien	302,0	28.997,23	10,415
Schweden	290,9	32.005,98	9,087
Österreich	247,7	30.238,96	8,192
Dänemark	213,1	39.260,69	5,428
Griechenland	184,5	16.620,74	11,098
Finnland	156,4	29.874,91	5,234
Irland	167,9	40.072,44	4,189
Portugal	146,8	13.934,62	10,532
Luxemburg	28,2	61.665,38	0,458
EU-15 gesamt	**10.318,9**	**26.716,16**	**386,258**
Estland	11,2	8.367,00	1,344
Lettland	15,7	6.796,41	2,309
Litauen	23,0	6.722,63	3,418
Malta	4,4	11.216,62	0,397
Polen	259,5	6.803,45	38,146
Slowakische Republik	41,5	7.662,36	5,416
Slowenien	28,3	14.185,49	1,996
Tschechische Republik	104,0	10.183,21	10,217
Ungarn	89,4	9.202,13	9,715
Zypern	13,8	16.584,50	0,829
Summe Beitrittskandidaten 2004	**590,9**	**8.008,13**	**73,787**
EU-25 gesamt	**10.909,8**	**23.713,84**	**460,045**
USA	**10.702,6**	**35.732,15**	**299,500**

Würde die Kerosin- und Schiffsbenzinbesteuerung in der EU spätestens 2010 eingeführt werden, was sowohl die Empfehlung der Autoren und auch einer immer größer werdenden Anzahl von Wirtschaftsexperten ist, muss dieser neue Geldstrom einer sinnvollen und zukunftsorientierten Verwendung zugeführt werden. Ein Versickern dieser beachtlichen Milliardenbeträge durch althergebrachte Umverteilungsmethoden wäre nahezu fahrlässig!

Ziel muss es daher sein, den Wirtschaftszweig, der in Europa den größten Beitrag in Zukunft leisten wird, besonders zu fördern. Dies ist das Handwerk. Die Förderungspolitik kann in zwei Szenarien erfolgen, wobei die Autoren davon ausgehen, dass direkte Nettotransferzahlungen an die Betriebe erfolgen sollen.

Szenario 1

Die zur Verfügung stehenden 16,7 Mrd. Euro erhalten alle 980.000 Handwerksbetriebe nach dem Verteilungsschlüssel der Anzahl der Beschäftigten. Die Berechnungsbasis dafür sind 5,5 Mio. Mitarbeiter in Deutschland, Österreich und Südtirol. Bezug nehmend auf diese Verteilungsquote würde jeder Handwerksbetrieb pro Jahr im Durchschnitt rund 17.000 Euro als Transferzahlung erhalten. Pro Mitarbeiter, der im jeweiligen Handwerksbetrieb beschäftigt ist, werden somit jährlich rund 3.000 Euro aus dem Titel der Schiffs- und Flugbenzinbesteuerung ausbezahlt.

Szenario 2

Hier erhält nicht jeder Handwerksbetrieb eine Transferzahlung, sondern nur jene Unternehmen, die eine Innovation vorbereiten. Die geplante Innovation muss auf drei bis maximal fünf Seiten schriftlich dargestellt und bei einer noch zu definierenden Stelle eingereicht werden. Die Prüfung muss unbürokratisch erfolgen. Die Auszahlung des Förderungsbetrages erfolgt garantiert 5 Jahre lang hindurch und ist vom Markterfolg unabhängig. Bekanntlich sind ein Drittel der bekannten Innovationen am Markt erfolgreich, zwei Drittel floppen.

Für die Verteilung der Förderungsgelder ist die Annahme realistisch, dass jeder zweite Handwerksbetrieb bereit ist, eine Innovation am Markt einzuführen. Das heißt, die zu vergebenen 16,7 Mrd. Euro werden auf 490.000 Handwerksbetriebe bzw. auf etwa 2,8 Mio. Mitarbeiter im Handwerk aufgeteilt. Damit würde ein repräsentativer innovativer Handwerksbetrieb jährlich rund 35.000 Euro an Nettotransferzahlungen erhalten und dies fünf Jahre hindurch. In Summe wären das zusätzliche Einnahmen pro innovativem Handwerksbetrieb von 180.000 Euro. Das damit ein neuer Innovationsschub im Handwerk ausgelöst wird, ist leicht nachvollziehbar.

Bekanntlich sind es die Handwerksbetriebe, die neue Arbeitsplätze schaffen, die Wertschöpfung in der Region sichern und steigern. Durch ihre Marktnähe und durch die immer größer werdende Innovationsbereitschaft wird in den nächsten 10 Jahren das Handwerk der Wirtschaftsmotor Nummer eins sein. Daher sind diese Transferzahlungen für die Handwerksbetriebe eine richtige strategische Innovation seitens der öffentlichen Hand.

In beiden Szenarien hat die EU, aber auch die nationale Politik akuten Handlungsbedarf. Durch die längst überfällige Kerosin- und Schiffsbenzinbesteuerung kann die EU einen enormen wirtschaftlichen Wachstumsschub einleiten. Der geneigte Leser wird ersucht, diesen Meinungsbildungsprozess bestmöglich zu unterstützen und mit beizutragen, dass dieses Zukunftsthema einer immer größer werdenden Öffentlichkeit bekannt gemacht wird.

Besten Dank.

Literaturverzeichnis

3SAT, ZDF: nano, Folge 1–5 (Einstein), München 2005

AMTSBLATT der Europäischen Union, Richtlinie 2003/96/EG zur Besteuerung von Energieerzeugnissen und elektrischem Strom; L 283/51 vom 30.10.2003

ARGYRIS, Chris: Interpersonal Competence and organizational effektiveness, Homewood, Ill., Dorsey Press 1962

BAYERL, Claudia: 30 Minuten für Kreativitätstechniken, Offenbach 2005

BONO, Edward de: Laterales Denken, Ein Kurs zur Erschließung Ihrer Kreativitätsreserven, Düsseldorf–Wien–New York 1989

BONO, Edward de: Serious Creativity, Die Entwicklung neuer Ideen durch die Kraft lateralen Denkens, Stuttgart 1996

BONO, Edward de: Six Thinking Hats, Boston 1999

BÜCHERMANN, Georg: Geflügelte Worte, Der klassische Zitatenschatz, Berlin 1998

CSIKSZENT, Mihaly: Das flow-Erlebnis – Jenseits von Angst und Langeweile im Tun aufgehen, Stuttgart 2000

CSIKSZENT, Mihaly: Kreativität – Wie Sie das Unmögliche schaffen und Ihre Grenzen überwinden, Stuttgart 1997

DER BROCKHAUS, Leipzig–Mannheim 2004

DILTS, Robert: Know-how für Träumer – Strategien für Kreativität, Paderborn 1994

DILTS, Robert: Zukunftstechniken zur Leistungssteigerung und für das Management von Veränderungen, Paderborn 1999

DÖRNER, Dietrich: Die Logik des Misslingens, Strategisches Denken in komplexen Situationen, Reinbek bei Hamburg 1992

EINSTEIN, Albert, Leopold INFELD: Die Evolution der Physik, Reinbek bei Hamburg 2004

EINSTEIN, Albert, Max BORN: Briefwechsel 1916–1955, München 1969

EINSTEIN, Albert: Grundzüge der Relativitätstheorie, Braunschweig–Wiesbaden 1990

EINSTEIN, Albert: Über die spezielle und allgemeine Relativitätstheorie, gemeinverständlich, Braunschweig – Wiesbaden 1997

EUROSTAT, Luftverkehr in Europa im Jahre 2004, Luxembourg 2006

GARDNER, Howard: So genial wie Einstein, Schlüssel zum kreativen Denken, Stuttgart 1997

GARDNER, Martin: Relativitätstheorie für alle, Köln 2005

GLOBAL INSIGHT INC., Boston, Die größten Autohersteller der Welt, HANDELSBLATT, Düsseldorf 2005

GRUNDMANN, Siegfried: Einsteins Akte, Einsteins Jahre in Deutschland aus der Sicht der deutschen Politik, Berlin – Heidelberg – New York 1998

GRÜNDONNER, Luther: Königsweg Kreativität, Paderborn 1998

HANDWERK MAGAZIN: München, Ausgabe Oktober 2006

HARVARD BUSINESS MANAGER: Düsseldorf, Ausgabe Oktober 2003

HEHENBERGER, Christian: Die Zukunft fest im Griff, Pregarten 1995

HEHENBERGER, Christian: Märkte mit Zukunft, Pregarten 1997

HEHENBERGER, Christian: Auf ins neue Jahrtausend, Pregarten 1999

HEHENBERGER, Christian: in: Handwerk Magazin, Hohe Zuwachsraten für innovative Betriebe, Bad Wörishofen, Ausgabe April 2002

HEHENBERGER, Christian: Die Zukunft in unserer Hand, Gutau 2004

HEHENBERGER, Christian: Den Gestaltern gehört die Zukunft, Gutau 2005

HEHENBERGER, Christian: Einstein für die Wirtschaft, Gutau 2006

INNUNG DER MECHATRONIKER: Zukunftsinfo, Linz, Ausgabe September 2001

INSTITUT FÜR MARKETING UND TRENDANALYSEN: VIP-Zukunftsreport, Ausgabe 1, Gutau 2003

INSTITUT FÜR MARKETING UND TRENDANALYSEN: VIP-Zukunftsreport, Ausgabe 2, Gutau 2003

INSTITUT FÜR MARKETING UND TRENDANALYSEN:
VIP-Zukunftsreport, Ausgabe 4, Gutau 2004

INSTITUT FÜR MARKETING UND TRENDANALYSEN:
VIP-Zukunftsreport, Ausgabe 5 & 6, Gutau 2006

ISL Market Analysis 2006; Institut für Seeverkehrswirtschaft und Logistik, Bremen 2006

KORNELIUS, Martin: Einstein light, München 2005

KRÖNER, Tim: www.autos-hybrid.de, Köln 2005

MALORNY, Christian, Wolfgang BACKERRA:
Die sieben Kreativitätswerkzeuge K7, Kreative Prozesse anstoßen, Innovationen fördern, München–Wien 1997

MEYENN, Karl: Albert Einsteins Relativitätstheorie,
Die grundlegenden Arbeiten, Braunschweig–Wiesbaden 1990

MICHALKO, Michael: Erfolgsgeheimnis Kreativität,
Was wir von Michelangelo, Einstein & Co. lernen können,
Landsberg am Lech 2001

MINERALÖLWIRTSCHAFTSVERBAND: Mineralölsteuer in Europa; Darstellung des Mineralölwirtschaftsverbandes, Hamburg 2005

MÜNCHENER RÜCKVERSICHERUNGS-GESELLSCHAFT:
Naturkatastrophen in Deutschland, München 1999

MÜNCHENER RÜCKVERSICHERUNGS-GESELLSCHAFT:
Sturmwarnung, Fakten, Forschung, Folgen, München 2003

MÜNCHENER RÜCKVERSICHERUNGS-GESELLSCHAFT: Erneuerbare Energien, Versicherung einer Zukunftstechnologie, München 2004

MÜNCHENER RÜCKVERSICHERUNGS-GESELLSCHAFT: Topics Geo, Jahresrückblick Naturkatastrophen 2004, München 2005

MÜNCHENER RÜCKVERSICHERUNGS-GESELLSCHAFT: Megastädte – Megarisiken, München 2005

MÜNCHENER RÜCKVERSICHERUNGS-GESELLSCHAFT: Topics Geo, Jahresrückblick Naturkatastrophen 2005, München 2006

MÜNCHENER RÜCKVERSICHERUNGS-GESELLSCHAFT: Topics, Klimawandel1/2006, München 2006

NOACK, Karsten: Kreativitätstechniken, Schöpferisches Potenzial entwickeln und nutzen, Berlin 2005

NÖLLKE, Matthias: Kreativitätstechniken, Planegg 2004

ÖAMTC: So entsteht der Spritpreis an der Tankstelle; Presseaussendung vom 10.5.2004

OPASCHOWSKI, Horst W.: Deutschland 2020, Wiesbaden 2004

PARKINSON, Cyril N.: Parkinsons Gesetz und andere Studien über die Verwaltung, Düsseldorf–Wien–New-York–Moskau 1992

PATERNITI, Michael: Unterwegs mit Mr. Einstein, Reinbek bei Hamburg 2005

SCHLICKSUPP, Helmut: Kreativ-Workshop, Würzburg 1993

SCHWINGER, Julian: Einsteins Erbe, Die Einheit von Raum und Zeit, Heidelberg 1987

SEELIG, Carl: Mein Weltbild, Berlin 1998

SEXL, Roman, Herbert K. SCHMIDT: Raum – Zeit – Relativität, Braunschweig–Wiesbaden 1991

SKUPY, Hans-Horst: Das große Handbuch der Zitate, 25.000 treffende Aussprüche und Sprichwörter von A–Z, von der Antike bis zur Gegenwart, Gütersloh–München 1993

SPEKTRUM DER WISSENSCHAFT: Einstein, Das neue Weltbild der Physik, Ausgabe 01/05, Heidelberg

STACHEL, John: The Collected Papers of Albert Einstein, Princeton University Press 1987

STATISTIK AUSTRIA: Bevölkerungsprognose 2005–2050, Wien 2005

STATISTISCHES BUNDESAMT: Entwicklung des deutschen Außenwanderungssaldos, Ost-West-Wanderungen, Wiesbaden 2006

TOYOTA FINANCIAL SERVICES: www.toyota.com, Torrance U.S.A. 2005

TRENDLETTER: Zukünftige Entwicklungen in Gesellschaft, Wirtschaft, Management, Marketing und Technologie, Nr. 7, Bonn 2004

TROUT, Jack, Steve RIVKIN: Die Macht des Einfachen, Warum komplexe Konzepte scheitern und einfache Ideen überzeugen, Wien–Frankfurt 1999

UN: World Population Prospects, New York 2005

UPI: Umwelt- und Prognose-Institut e.V., Darstellung vom 18.07.2006

WATZLAWICK, Paul: Wie wirklich ist die Wirklichkeit, München 1985

WHEELER, John A.: Gravitation und Raumzeit, Die vierdimensionale Ereigniswelt der Relativitätstheorie, Heidelberg 1991

WIEKE, Thomas: Kreativität im Job, Wie Sie Ideen entwickeln und Denkblockaden lösen, Frankfurt am Main 2002

WIRTSCHAFTSKAMMER ÖSTERREICH: Länderprofile der zehn osteuropäischen Beitrittsländer 2003/2004/2005/2006

WIRTSCHAFTSKAMMER ÖSTERREICH: Länderprofil Türkei 2006

WISSENSCHAFTLICHER BEIRAT der Bundesregierung: Globale Umweltveränderungen (WBGU), Berlin 2002

WORD ECONOMIC OUTLOOK: International Monetary Fund 2006

Bisher erschienene Bestseller

Den Gestaltern gehört die Zukunft
ISBN 978-3-901852-04-6

Einstein für die Wirtschaft
ISBN 978-3-901852-05-3

Dem Handwerk gehört die Zukunft
ISBN 978-3-901852-06-0

333 Managementweisheiten und Zitate
ISBN 978-3-901852-07-7

Die Zukunft in unserer Hand
ISBN 978-3-901852-03-9

Festschrift
Auf ins neue Jahrtausend
ISBN 978-3-901852-02-2

Märkte mit Zukunft
ISBN 978-3-901852-01-5

Die Zukunft fest im Griff
ISBN 978-3-901852-00-8

Autor von diesen Bestsellern: Christian Hehenberger
Verlag: Institut für Marketing und Trendanalysen® GmbH

Werden auch Sie **Mitglied!**

- Als Zukunftsclub-Mitglied gelten Sie als VIP-Kunde am Institut für Marketing und Trendanalysen.
- Auf alle Leistungen des Instituts erhalten Sie 20 % Bonus. Dies gilt für Vorträge, Seminare, Consulting-Leistungen und Direct Marketing Aktivitäten.
- 3 x jährlich bekommen Sie eine persönliche exklusive Zukunftsinformation.

Weitere Infos bzw. Anmeldung unter:

Institut für Marketing und Trendanalysen GmbH, Kompassstraße 1, A-4293 Gutau
Tel. ++43(0)7946/20555, Fax-DW 30, e-mail: imt@imt.co.at

www.imt.co.at